佛教中觀學百論的哲學解讀

陳森田　　著
吳汝鈞　審訂

臺灣學生書局印行

自　序

　　二十多年前，吳汝鈞老師在香港浸會大學資助下，進行一項題為龍樹《中論》的研究計劃，邀請了一位浸會大學的畢業生做研究助理，負責將吳老師的《中論》講座進行記錄和整理。但計劃進行了不久，該位研究助理因本身的工作忙碌，未能兼顧這份研究工作，就辭任了。適逢吳老師剛擔任我的碩士論文考試委員，就邀請我接任這份工作。在那三年的工作中，我跟佛教中觀學結下了不解緣，隨後的研究、教學、著作，很大部分都涉及中觀學的相關著作和義理，包括我在香港科技大學的畢業論文〈從僧肇三論看空的概念〉、譯作《中道佛性詮釋學：天台與中觀》、專著《肇論的哲學解讀》等。此外，我亦先後開講《中論》、《百論》、《十二門論》和《肇論》的課程或講座。

　　除中觀學外，我與唯識學亦頗有緣份。在二十多年前，我的第一堂佛學課就是羅時憲老師講的《唯識三十頌》。在此之前，我對佛學不以為然，只是在沒有其他合適課程的情況下，才勉強選了這科唯識學課程。還記得在課堂中，某些同學答不上老師的提問，總免不了被責備兩句。我作為一個蒙昧的初學者，又不願在眾人面前出洋相，於是每次上課都早點兒到達，選一個不大起眼的角落坐下，希望不會落入老師的視線之內。縱使這樣，我仍然從不缺課，每次都細心聆聽，因為羅老師的講課確實很有感染力，我在半知不解的

情況下，仍是深被吸引。其後，我又跟從李潤生老師學習。先後在兩位唯識學專家的指導下，總算有了一點認識。

　　每位學習佛學或哲學的朋友也許都和我一樣，在開始時感到迷惘，甚至沮喪，就如我初期拿著《唯識三十頌》，只能生記硬背，六百個字，字字都似是懂得，但沒有一句明白。我於是產生一種想法，希望將來能夠以通俗的文字演述這些深奧的典籍，把當中的義理清晰闡明，好讓初學的朋友們減少一點迷惘、沮喪。過去我曾協助吳汝鈞老師做了《中論》和《唯識三十頌》的解讀和研究，自己又寫了《肇論的哲學解讀》，如今寫《百論》的解讀，正是延續這方面的工作。將來希望能繼續就中觀學和唯識學的典籍作廣泛而深入的了解，將當中深奧的義理以淺白的文字展示出來。

　　二十多年來的佛學研習，我大部分時間是跟從吳汝鈞老師學習，以及參與他的研究項目，課題包括京都學派、唯識學以及佛教知識論等。吳老師曾多番囑咐，研究佛學必須從文獻學著手，這是國際學界公認的基本要求，而佛學文獻主要以梵文寫成，因此必須對梵文有一定的認識。約二十年前，吳老師在志蓮淨苑文化部開講梵文課程，我便前往聽課。在開課當日，整個演講室百多座位都坐滿了，大家都熱切期待這個在香港難得開設的課程。然而，大家這份熱情似乎敵不過怠倦或忙碌，大約三個月後，課堂便移往一間較小的課室進行，一年之後，只餘下十多人聽課。而我卻總是從不缺課。平心而論，學習梵文實在難，我除了每周上課一晚之外，還得花上兩天時間溫習和應付習作。對於大部分同學選擇放棄，我認為是可以理解的。經過了兩年半的煎熬，總算完成了基本課程。接著是研讀一些簡單的梵文典籍的解讀。前後共三年就完成了這個課程。年前，吳老師計劃為他編撰的《梵文入門》再版印行，並加入

書中習題的詳細分析，就把這工作交託給我。雖然整部書都已經學習過，但相隔了十多年，再仔細研讀，還是有不少困難，而且，更要將全部習題作詳細分析，對我來說又是一項艱鉅任務，但亦可算是一次更深入的研習，讓自己了解更深。除了梵文之外，吳老師亦特別指出日文的重要性。在國際上，近數十年來佛學研究成果最可觀的首推日本，因此，日文也成為研究佛學的重要工具。於是，我在稍有餘暇之時，開始學習日文，目標是能夠看懂日文的佛學、哲學著作。經過了四、五年的工夫，總算勉強做到了。吳老師曾說過，讀哲學難，讀佛學更是難上加難，我算是體會過了。對於往後的學習和研究方向，我仍會集中在中觀學和唯識學上，並希望在這兩大系統的關係上下工夫，讓我們對佛法的認識更趨圓融。

　　這部書從計劃至撰寫，都得到吳汝鈞老師多方面的指導。在初稿完成後，又蒙吳老師審訂及提供意見，以進一步充實內容。本書原本題為《百論解讀》，後獲吳老師提點，定名為《佛教中觀學百論的哲學解讀》，筆者在此致以萬分感謝。

陳森田

二零一六年四月

序於香港荃灣寓所

佛教中觀學百論的哲學解讀

目　次

第一章　緒　論

作者及其著作

　　提婆（Āryadeva）這名字意譯為聖天，生於約公元一七零年。他是龍樹的弟子，出身於婆羅門種姓。在未師事龍樹之前，提婆已經是一位博學兼辯才出眾的學者。他生性自負，本想找龍樹（Nāgārjuna）跟他辯論，可是當他一見龍樹的威嚴儀容，竟然不能開口，遂向龍樹求教，並成為龍樹的入室弟子。後世視提婆為印度中觀學派（Mādhyamika）繼龍樹之後最重要的人物。

　　可以確定為提婆的著作有三部，分別是《百論》（Śataśāstra）、《四百論》（Catuḥśataka）和《百字論》（Akṣara-śataka）。按僧肇的〈百論序〉所述，《百論》本有二十品，每品各有五偈，合共百偈，故稱為《百論》。此論的梵本已失傳，亦沒有藏文譯本，現存只有漢譯本以及由漢譯本翻譯成的日譯本和英譯本。

　　另一本著作，亦是提婆最重要的著作是《四百論》，全論原有十六品，合共四百偈。前八品敘述提婆的中觀學教理，後世稱為「說法百義」，但玄奘沒有譯出這部分；後八品主要是駁斥外道的異說，後世稱為「論議百義」，玄奘將這後八品共二百偈譯成漢文，稱為《廣百論》。此外，他又將護法（Dharmapala）就後八品的釋文譯出，名之為《大乘廣百論釋論》。《四百論》的梵文本現存只有片

斷,而藏譯則完整,近人法尊法師已將前八品依藏譯本翻譯成漢文。

　　《百字論》據說是提婆被刺之後,臨死前所寫的。全篇論只有一百個梵文音節。此書現存只有漢譯和藏譯,以及由藏譯還原而成的梵文本。其中的漢譯本由菩提留支所造。不過,這本小作在漢譯中作提婆寫,在藏譯中則作龍樹寫。

　　在漢傳中觀學派,《百論》、《中論》及《十二門論》合稱三論。

文體、版本、注者及譯者

　　本書使用的《百論》漢譯本由鳩摩羅什(Kumārajīva)翻譯,收於《大正新修大藏經》第 30 卷頁 168a-182a。〈百論序〉則是羅什弟子僧肇所作。《百論》原文以稱為修妬路(sūtra)的文體寫成。sūtra 可解作經典或一種精簡的文體,這種文體以偈頌組成,每首偈頌為兩句,每句含十六個梵文音節。這種文體相信有利於背誦和傳揚。整部《百論》原本共有二十品,每品有五首偈頌,合共一百首偈頌,故以《百論》名之。然而,按僧肇的〈百論序〉所述,鳩摩羅什的漢譯《百論》只包含前十品連同婆藪開士的釋文,後十品則認為無甚益處故不傳。

　　漢譯《百論》本中,提婆所寫的修妬路與釋文混在一起。這釋文由婆藪開士所做。據吉藏《百論疏》所述,婆藪即是天親,本弘揚小乘,曾造五百部小乘論。其兄阿僧伽是大乘人,將天親誘化轉入大乘。天親轉大乘後,又造大乘論五百部。因此,當時人稱他為千部論主。(大 42.234c)按此,這位婆藪即是印度瑜伽行派無著(Asaṅga,音譯阿僧伽)的弟弟世親(Vasubandhu)。開士的梵文為 bodhisattva,音譯為菩提薩埵,略稱菩薩。意思是開導眾生的士

夫。若依吉藏所說，這位婆藪開士就即是世親菩薩，但宇井伯壽卻認為是另有其人，當是四世紀上半時期的人物。[1]

　　一般來說，就某些典籍作注釋，是注釋者對典籍的原文作解釋、分析，以至發揮其義理。就《百論》中婆藪開士的注釋來說，筆者在此嘗試作出一個推測，就是這些注釋可能是婆藪開士引用提婆的《百論》（修妬路部分）與外道進行辯論的紀錄，而不是單純就提婆的《百論》偈頌作注釋，因為在內文中可找到一些線索。例如在《捨罪福品》中說：

　　　　外曰：但是智能增長生死，施、戒亦爾耶？
　　　　內曰：取福捨惡是行法（修妬路）。福名福報。
　　　　外曰：若福名福報者，何以修妬路中但言福？（大 30.170a）

引文中說的「取福」屬於論主提婆的修妬路，而「福名福報」則是婆藪開士的解釋。而外道接著對這解釋提出質疑，他指出修妬路中只說福，未有說報，因此對「福名福報」這個解釋有所懷疑。按照這對話的脈絡，外道似是正在跟婆藪開士進行辯論，婆藪引述《百論》的修妬路作為論據，並加以解釋，而外道則對婆藪的解釋提出質疑。依照這種情況，現今的《百論》的文字應包含兩重辯論，第一重是提婆跟外道的辯論，提婆以修妬路記錄下來，文中的修妬路應是這次辯論的紀錄。第二重是婆藪開士跟外道的辯論，婆藪引述提婆的修妬路，自己加以解釋作為論點，而文中亦記錄了婆藪的敵論者的說話，正如以上的例子。此外，類似的例子在內文其他地方

---

[1]　　參考《佛書解說大辭典》第九卷，頁 169。

亦可見到,在解讀內文時我們會再提出。因此,內文中婆藪的文字並不單純是對提婆的《百論》(修妬路)作注釋,而是另一次辯論的紀錄。而婆藪的解釋顯然對提婆的修妬路作了較大程度的發揮,這點可從篇幅上的對比見到。此外,婆藪在內文引述提婆的修妬路時,可能只選取部分文字,以配合辯論中的需要,因此,內文中的修妬路加起來,並不就等於提婆原本全篇(或前十品)的《百論》。總括來說,目前版本的《百論》,很有可能是經婆藪選取、運用,再加上自己的解釋而形成的。因此,它除了基本上代表提婆的思想,亦在較大程度上反映了婆藪的想法。

主題與結構

現存漢譯《百論》本共十品,包括:

捨罪福品第一

破神品第二

破一品第三

破異品第四

破情品第五

破塵品第六

破因中有果品第七

破因中無果品第八

破常品第九

破空品第十

其中第一至第九品,作者以空的立場,透過不同的主題,從不同的角度去遮破外道對實我、實法的執著,而第十品則更進一步遮破外道對空的執著。

　　提婆在本論中貫徹了龍樹中觀學的立場，以一切法空作為宗旨，而空的意義則為否定自性，以此去應對外道在多個重要範疇上的自性的執著，包括罪福、神我、同異、情、塵、因果等範疇。外道在這些範疇上的演述以對自性的執著為基礎，作者針對外道的這種執著，指出以這種自性的觀念去理解事物會產生種種的困難、矛盾，從而突顯一切法空為正理。

　　前九品均是以破有來顯示空的義理，然而，倘若把「空」理解為實事實理，就會成為對空的執著，等於把「空」執著為有。因此，作者最後以〈破空品〉去破除對「空」的執著。這即是般若思想的「空空」，或青目的「空亦復空」。

相關的研究

　　對《百論》的注疏和研究，現存最早的是吉藏所造的《百論疏》。從此論疏內容可知當時亦有其他注疏流行，但現已失傳。因此，吉藏的《百論疏》成為現代人研究《百論》的主要的古典參考資料。除《百論疏》外，就只有少量的現代研究，其中最主要的是李潤生先生的《百論析義》。書中全面而且詳盡地解說《百論》的內容，而有關解釋主要以《百論疏》為依據。此外，強昱亦就《百論》作了精簡的注釋和語譯。日本方面有宇井伯壽的日譯本，收於《國譯大藏經‧論部第五》；另有羽溪了諦的日譯本，收於《國譯一切經‧中觀部第一》；據《佛書解說大辭典》所記，另有《百論義疏》和《百論私記》收於《新編諸宗教藏總錄第三》，但著者不詳。[2]另外還有 G. Tucci 的英譯，收於 *Pre-Dinnāga Buddhist Texts on Logic from*

2　　《佛書解說大辭典》第九卷，頁 169。

Chinese Sources, Baroda: Oriental Institute, 1929, G.O.S. 49。另外還有一些與《百論》、《四百論》有關的論文，如山口益的〈聖提婆造《四百觀論》における說法百義の要項〉、〈聖提婆に歸せられる中觀論書〉，收於他的著書《中觀佛教論考》，東京：山喜房佛書林，1975。〈《四百論》破常品の要項〉，收於《大谷大學研究年報》14。

本書的特色

　　本書著重深入而仔細地解釋《百論》中涉及的概念，尤其關於當時印度各種宗教和哲學的思想。筆者亦力求清晰展示《百論》的結構、脈絡，以了解論主說理的方法和目的。此外，如上文所述，筆者認為注釋中加入了不少婆藪自己的理解和發揮，因此，筆者會盡量將論主的修妬路跟婆藪的注釋分開處理，並且會指出當中或許有分歧的地方。在內容解釋上，筆者固然參考吉藏的《百論疏》，然而，會更著重於參考印度哲學的研究資料，嘗試從有關的宗派本身的理論方面，去了解在辯論中論主提婆所針對的問題，如遇上跟《百論疏》的理解有分歧之處，會作更深入的分析。另外，《百論》中有時出現數論派（Sāṃkhya）的文獻的文字，以及被視為勝論派（Vaiśeṣika）的文字，也會特別注意。

本書的處理方法

　　《百論》的內容是辯論紀錄，其形式基本上是論主（及注釋者婆藪）與外道的對答，因此，筆者會先把內容分段，以「外曰」和「內曰」一組對答為一段，並配上現代的標點符號。每段中如包含重要的或難解的詞語、概念，將先行逐一解釋。內容中標示「修妬

路」的部分為論主提婆的原偈，筆者會先以現代語文演繹，再以案語（〔案：〕）進一步解說、分析和評論，而案語一律以粗體表示。除修妬路外，其餘內容為注釋者婆藪的解釋，筆者會分段並注明婆藪解釋。對於婆藪的解釋，亦會先以現代語文演述，再以案語進行解說、分析和評論。

　　文中經常引用吉藏所造的《百論疏》，會簡稱為《論疏》；引用《大正新修大藏經》時，亦以常用的方式表示，例如《大正新修大藏經》第 30 卷第一頁上欄，會以（大 30.1a）來表示，而不另作註腳。

第二章 〈百論序〉釋

百論者，蓋是通聖心之津塗，開真諦之要論也。

「聖心」指超越的主體。僧肇在他的《肇論》中常以聖人、聖智、聖心相通，即是指佛陀。所謂超越，是對應於世間或現象界而說。現象界的主體是認識的主體，這種認識是在主體與客體相對峙的格局下進行的，可稱為相對的認識。而超越則表示超越於世間的相對性的認識，達致沒有主、客分別的，絕對的「認識」，這種「認識」常稱作觀照、直觀。觀照當中既然沒有主、客分別，何以有所謂超越的主體呢？觀照無所謂主體和客體的區別，然而，由於這種無分別的意義或狀態難以透過相對性的語言、概念來表述，因此仍使用主體、客體的稱號，但需要區別於世間認識的主、客體，故稱之為超越的主體。

「津」指水路，「塗」即是途，指陸路，「津塗」表示途徑、道路。

「真諦」（satya）指超越的客體。一般世間的認識以認識主體與認識客體相對的格局進行，而超越的認識，即是觀照、直觀在沒有主、客分別的狀態中進行，這種無分別的認識，如以相對性的語言、概念來表達，則區分為超越的主體和超越的客體。這無分別的狀態就是一切事物原本的、真實的狀態，又稱實相（tattva），若視

之為主體則是聖心、聖人、聖智，若視之為客體則稱為真諦。

僧肇在這裏先指出《百論》的重要性，指它是通往聖心的途徑，開啟真諦的要論。即是說，我們可透過《百論》達致實相、真理。

> 佛泥曰後八百餘年，有出家大士，厥名提婆，玄心獨悟，俊氣高朗，道映當時，神超世表，故能闢三藏之重關，坦十二之幽路，擅步迦夷，為法城塹。

「泥曰」（nirvāṇa）又譯作泥槃、涅槃，原文意思是火熄滅，即熄滅那導致生死流轉的三毒之火，這是佛教修行的最終境界。

「大士」指大乘佛法的修行者。此外，「大」可解作偉大；「士」解作士夫，即仍未達致涅槃的人。兩種解釋都是指菩薩（bodhisattva）。

「三藏」（tripiṭaka）指佛教的十二部經。

「幽路」指幽隱的入理之路。

「擅」意謂專或獨，「擅步」即獨步，突出於同儕的意思。

「迦夷」（Kośalā）又譯作迦夷羅，是位於中天竺的赤澤國，是提婆追隨龍樹（Nāgārjuna）修習的地方。

「城塹」即護城河。

本段介紹《百論》的作者提婆。他在世的時期約於佛涅槃後八百餘年，即公元三世紀。僧肇接著對提婆加以讚嘆。在龍樹門下，以提婆最能了悟龍樹中觀學的義理，故說他玄心獨悟。提婆的大乘之道映照當時，能驅除迷闇，他的修行已超越於世間，即達致實相的觀照，因此能開三藏的重關。「重關」指三藏的深奧難明之處，亦可解作三藏中所載小乘聲聞和緣覺之道。提婆突破小乘，弘揚大

乘,故說他能關三藏之重關。「十二之幽路」意思亦相近,指十二部經難明之處。全體佛教文獻有時以「三藏十二部」稱之。提婆獨步於迦夷,為大乘佛法作護持。

> 于時,外道紛然,異端競起,邪辯逼真,殆亂正道。乃仰慨
> 聖教之陵遲,俯悼群迷之縱惑,將遠拯沈淪,故作斯論。所
> 以防正閑邪,大明於宗極者矣。

「外道」指佛教以外的修行者。古印度在佛教以外最重要的宗教是婆羅門教(Brahmanism),其後分裂為許多教派,當中主要包括六派,分別是:數論(Sāṃkhya)、勝論(Vaiśeṣika)、瑜伽(Yoga)、正理(Nyāya)、彌曼差(Mīmāṃsā)和吠檀多(Vedānta)。六派盛行的時期有先有後,部分時期並行,較早期的是數論,其次是勝論、正理,較後期的是吠檀多。而在較後期又有整合的現象,例如數論瑜伽、正理勝論等。除婆羅門教以外,又有耆那教(Jainism)和唯物派(Cārvāka,佛教中人以他們的思想傾向於順應世俗的欲望,常稱他們為順世外道〔Lokāyata〕,音譯為盧伽耶陀)。由於本論中曾舉出迦毘羅(Kapila)、優樓迦(Ulūka)和勒沙婆(Ṛṣabha)三人,他們分別是數論、勝論和耆那教的代表人物,故相信本論中的外道是指這幾家的人物。

「異端」指本教中異出歧途的派別。這裏指的當是小乘各派。

「逼真」可有兩種解釋,其一為逼迫著真理,另一為表面上似是真理,實則不然,令人迷惑。

「陵遲」即陵夷,沉降的意思。

「防正」表示防衛、守護正法。

「閑」意謂平服，「閑邪」即平服邪道。

「宗極」即本宗的至高義理。

僧肇在本段指出提婆造《百論》的背景和原因。在提婆的時代，印度婆羅門教各派仍相當興盛，而佛教中小乘各部派亦競相興起，種種似是疑非的教理，包括外道與佛教小乘各派，對大乘佛法多所逼迫，使正道殆亂。在這種環境之下，提婆慨嘆聖教被抑壓，亦憐憫眾生被迷惑，他為要廣泛拯救沉淪的眾生，因而造《百論》，用以守護正道，平服邪惑，彰顯大乘佛法的至高義理。

> 是以正化以之而隆，邪道以之而替。非夫領括眾妙，孰能若斯？論有百偈，故以百為名。理致淵玄，統群籍之要；文旨婉約，窮制作之美。

「隆」即興盛。「替」意即廢止。

「領括眾妙」意謂領納涵括種種妙理。

「理致淵玄」指其義理達致淵深玄妙。

「群籍之要」指佛教各典籍的要旨。

這段文字讚嘆《百論》，指出此論使正道教化得以興盛，邪道為之廢止。而「百論」這個名稱，是以此論由百首偈頌組成，故以「百」為名。本論主要承接龍樹的《中論》（_Madhyamaka-kārikā_）發揮《般若經》（_Prajñāpāramitā-sūtra_）中空的義理，故「群籍」所指的主要是《般若經》和《中論》。

> 然至趣幽簡，尠得其門。有婆藪開士者，明慧內融，妙思奇拔，遠契玄蹤，為之訓釋。使沉隱之義彰於徽翰，風味宣流

被於來葉。文藻煥然，宗塗易曉。其為論也，言而無當，破而無執。儻然靡據，而事不失真；蕭焉無寄，而理自玄會。返本之道，著乎茲矣。

「至趣幽簡」表示本論的主旨幽深而簡要，未作詳細的闡釋。

「尟得其門」的「尟」通於「尠」和「鮮」，稀少的意思。很少人能尋得門徑去了解《百論》。

「融」是和通的意思。據吉藏《百論疏》所述，本論的注釋者婆藪即是《唯識三十頌》（*Triṃśikā-vijñaptimātratāsiddhi*）的著者天親，或稱世親（Vasubandhu）。世親本學小乘，後改宗大乘，是瑜伽行派（Yogācāra）的開創者之一。他雖然不是龍樹本宗的追隨者，但能融通各家義理而為《百論》作釋，故說他「明慧內融」。

「玄蹤」是玄理的足跡，這裏指般若經論的義理。

「徽翰」是羽毛造的筆，「彰於徽翰」意謂彰顯於筆下的文字。

「風」即宗風。「風味」指龍樹、提婆本宗的義理。

「葉」是古時印度人用作書寫的樹葉，主要是棕櫚樹葉，或作貝葉。

「無當」意思是沒有既定的立場。

「無執」表示沒有執著於跟對方相反的見解。

「儻然靡據」的「儻」解作不受羈繫，「據」解作倚仗、依託，意謂不被束縛，無需依託。

「蕭然無寄」意謂自由自在，無所住著。

「理自玄會」表示與真理深刻地契會。

「返本」是返回真理這諸法之本。

這段文字介紹《百論》的詮釋者以及其注釋的特點。《百論》

的內容原本是提婆所造的一百首偈頌，但現存的漢譯本除了提婆的偈頌外，還包含了注釋。造注釋者是婆藪開士，據吉藏《百論疏》所述，婆藪即是天親（又作世親），他的兄長是阿僧伽（又作無著）。（大 42.234c）婆藪原本學小乘，後來由於兄長的引導而轉歸大乘。「開士」是就他成為大乘菩薩而稱之。提婆以偈頌形式寫成《百論》，偈頌的優點是方便背誦，在書寫工具極之缺乏的時代，背誦就是主要的傳揚和承傳方式。但這樣的文字必須遷就形式，而且力求簡短，致其意義往往難於了解。因此，偈頌的著者經常再造長行來加以解釋。但提婆未有就《百論》造長行，故婆藪的注釋就格外重要。僧肇指出，婆藪的注釋使《百論》中蘊含的義理彰顯出來，令空宗的風貌以文字紀錄流傳開去。這注釋的特點是「言而無當，破而無執」，「言」是建立自家的論點，「破」是摧毀對方所論。一般而言，論點應建基於某種立場，以印度當時的情況，以婆羅門教的實在論立場最為盛行，他們的論點都建基於以神我（puruṣa）為實有，極微（aṇu）為實在的立場上。另外，又有唯物派的斷滅論或虛無論的立場，認為一切事物只是短暫存在，最終都歸於虛無。而空宗則以非有非無，即是既不以有為立場，亦不以無作為立場，這即是「言而無當」。另一方面，在破敵論當中，一般是為著建立己方與敵論相違的論點，例如破因中有果，目的是要建立因中無果；破事物是同一，目的是建立事物為別異。但提婆既破因中有果，亦破因中無果；既破一，亦破異。即是破因中有果而不執於因中無果，破一而不執於異，這即是破而無執，這正符合空宗的不一亦不異的說法。由此可見，僧肇認同婆藪注釋是合乎提婆以至空宗的一貫思想。就「事不失真」和「理自玄會」兩句，吉藏《百論疏》解釋為「以能心無依，則觸事恒不失真道也」以及「與理冥會」（大 42.235b）。筆者

認為，這樣的說法如果是指著提婆的《百論》原偈來說，是正確的。然而，本段所說的應是婆藪的注釋，而不是提婆的偈頌。理由是，僧肇這篇序文條理清晰，前段已講述提婆的《百論》偈頌，本段介紹婆藪的注釋，而下一段則說羅什的翻譯，因此，「事不失真」和「理自玄會」應是用以形容婆藪的注釋。就注釋而言，理應忠於原文，故「真」應指著原文的原意，而「理」亦應指原文的義理，故吉藏以上的疏解並不太準確。筆者認為，僧肇讚賞婆藪的注釋不被《百論》偈頌文字束縛，自由自在，流暢地發揮，而沒有偏離原意，且緊密地與偈頌的義理相應。故此，《百論》偈頌中所載的返本之道，在婆藪的注釋中得以彰顯。

> 有天竺沙門鳩摩羅什，器量淵弘，俊神超邈，鑽仰累年，轉不可測。常味詠斯論，以為心要。先雖親譯，而方言未融，至令思尋者躊躇於謬文，操筆者乖迕於歸致。

「鑽仰累年」按吉藏《百論疏》解釋說「仰之彌高，鑽之彌堅」，又說「問肇值什得幾年而稱累年」（大 42.235c），意思是說僧肇對羅什鑽仰多年。「鑽」是要破其堅，然而鑽之彌堅，表示更感其堅實。「仰」是要至其高，卻仰之彌高，即更感其高不可攀。

「轉不可測」按吉藏《百論疏》說「瞻之在前，忽焉在後」。意思是無處不在，無所不知。這是讚美羅什學問淵博，高不可測。

「味詠」即尋味、誦讀。

「心要」指心中常記掛的事情。

「方言」指漢文。羅什身為天竺人，而長居於西域，故以東土的漢文為方言。

「未融」即未能融通。

「思尋者」指對內容思惟尋究，逐字推尋的人。

「躊躇」意謂進退不定。

「謬文」即謬誤的文字。

「摽位」按吉藏《百論疏》作「標位」（大 42.236a），是總標綱領，即把握全篇意趣的意思。

「乖迕於歸致」意即違反意趣。

　　本段介紹《百論》的漢文翻譯者鳩摩羅什本人以及其翻譯的作風。這裏顯出僧肇對其師羅什的拜服，又可見到羅什對於《百論》非常重視。羅什翻譯了大量典籍，當中絕大部分都是在僧肇、道生、僧睿等出色弟子的協助下進行的，由他自己口述而由弟子記錄。這群弟子都是出色人物，文字造詣了得，又能把握羅什講解的義理，因此，譯文的質量很高。而《百論》的初次漢譯是由羅什親自進行，羅什是天竺人，長居於西域，原本不懂漢文，而這個譯本相信是較早期，還未遇上僧肇等人時所造的，因此，當時羅什的漢文造詣不足是自然的事，由此出現謬誤亦無可厚非。但從另一角度看，可見羅什對於《百論》格外重視，而且非常熟習。由於文字上的謬誤，致令思尋者進退不定，由於未能清晰表達全篇的義理，以致標位者未能掌握整體的意趣，這是羅什初譯《百論》的不足之處。從僧肇這些評論可見到他雖然對老師極之拜服，但就事情提出的意見仍是客觀中肯的。

　　　大秦司隸校尉安成侯姚嵩，風韻清舒，沖心簡勝，博涉內外，
　　理思兼通，少好大道，長而彌篤。雖復形羈時務，而法言不
　　輟。每撫茲文，所慨良多。以弘始六年歲次壽星，集理味沙

門，與什考挍正本，陶練覆疏，務存論旨。使質而不野，簡
而必詣，宗致盡爾，無間然矣。論凡二十品，品各五偈。後
十品，其人以為無益此土，故闕而不傳。冀明識君子，詳而
攬焉。

「司隸校尉」是姚嵩的官職，專責巡察京城及附近地區。這重
要官職一般由皇族成員擔任，姚嵩是後秦國主姚興的族兄弟。「安
成侯」則是姚嵩的封號。

「弘始」是後秦姚興的年號。

「歲次壽星」指出在曆法中該年所屬的星宿。古時說的歲星即
是現代所知的木星，由於木星歲行一次，即每年一次接近地球，故
以此星為歲星。木星約十二年圍繞太陽運行一周，古人觀察到此星
每十二年在天上的方位循環一次，故以十二歲為一周天。古時曆法
每歲均以一星的名稱來代表，即有十二顆星的名稱循環使用，來代
表十二年，即一周天。按吉藏《百論疏》引《爾雅》云「東方七星，
謂角、亢兩星星中之長」（大 42.236b），故此二星稱為壽星。因此，
當年應為角或亢星之年。

「理味沙門」指能理解義理的出家人。

「陶練覆疏」意謂長時間仔細地反覆疏釋。

「質而不野」意思是使隱言顯現而不失優雅。

「簡而必詣」意謂刪除煩文，使其精簡，而必符合義理。

「宗致盡爾」表示旨趣完全表達出來。

「無間然矣」即無所遺漏。

「攬」意思是把握、了解。

本段介紹對《百論》漢譯本進行考挍訂正的人——姚嵩，以及

他校訂《百論》的原因和情況。僧肇用了較多文字對姚嵩加以讚譽，可見此人不但貴為皇親，而且的確具備實學，能擔當此校訂的工作。而僧肇在較後期撰寫的《涅槃無名論》[1]亦是就著姚嵩與秦主姚興之間的辯論而寫的。在論中，僧肇表面上認同姚興的見解，實際上是糾正他的錯誤，並且較認同姚嵩的說法。[2]可見僧肇對姚嵩很是欣賞的。

　　僧肇在這裏清楚指出，《百論》原本共有二十品，每品五首偈頌。但當中的後十品，「其人」認為對中土無益處，故不傳。這表示現存的漢譯本《百論》只包括原本的前十品。這裏所說的「其人」，有說指鳩摩羅什，說他沒有譯出後十品。[3]筆者則認為應指姚嵩，原因有四。首先，羅什翻譯了大量典籍，都沒有只譯部分的情況，而且，他特別重視《百論》，更不應只譯出其中半部。第二，上文提到羅什最初親譯《百論》，若只譯了一半，該段中理應提及。第三，此論對於中土是否有裨益，姚嵩應較羅什更清楚，而姚嵩親自與羅什校訂譯文，他的意見應具決定性的。第四，這段文字介紹姚嵩，所以當中的「其人」應指他。因此，筆者認為決定不傳後十品的人應是姚嵩。既然姚嵩能作這個決定，可知羅什已將後十品譯出，但姚嵩看後基於某些原因而決定不傳這部分。另外，呂澂指出，他曾拿現存譯本《百論》與《四百論》（他未有清楚指明是藏譯本抑或漢譯本）對照，發覺《百論》的第一品〈捨罪福品〉內容概括了《四

1　有說《涅槃無名論》並不是僧肇所作，筆者不能認同，有關理由可參考拙著《肇論的哲學解讀》（臺北：文津出版社，2013），頁 136-138。

2　詳見《肇論的哲學解讀》，頁 232。

3　見李潤生著《百論析義》（安省：加拿大安省佛教法相學會，2001），頁 25。

百論》前八品的要義,而《百論》的其餘九品則相當於《四百論》
的後八品,他因此認為現存漢譯本《百論》並未有刪減,根本沒有
所謂後十品不傳這回事。[4]筆者認為呂澂這個說法恐怕難令人信服。
首先,即使《百論》的前十品跟整篇《四百論》一一對應,也不表
示這十品就是原本《百論》的全文,這只能說明前十品可以獨立成
篇,但不能否定後十品的存在。此外,僧肇當時是直接參與羅什和
姚嵩校訂《百論》譯本之事,倘若根本沒有刪減後十品一事,就即
是指僧肇無端捏造。呂澂的說法是僧肇弄錯了。如此重大的事情,
若根本無此事,如何錯誤地弄出來呢?再者,按習慣,僧肇寫成〈百
論序〉後應交予羅什審訂,倘有此重大失誤,豈會不被更正呢?因
此,筆者認為,原本《百論》應有後十品,而且已由羅什翻譯成漢
文,但已失傳。

---

4   詳見呂澂著《印度佛學思想概論》(臺北:天華出版公司,1993),
     頁133。

第三章 《百論》解讀

第一節 捨罪福品

頂禮佛足哀世尊　於無量劫荷眾苦
煩惱已盡習亦除　梵釋龍神咸恭敬
亦禮無上照世法　能淨瑕穢止戲論
諸佛世尊之所說　并及八輩應真僧

本論（修妬路 sūtra）是論主跟外道辯論的紀錄。在辯論的開首，由其中一方提出論題，而這論題經常以一首偈頌的形式提出來。這次辯論由論主提婆發起論題，這首偈頌即為論題。而對方將會就偈頌的內容提出質難，展開辯論。

「頂禮佛足」是敬拜的一種禮儀，以四肢著地，頭向佛足叩拜，是敬禮中的上禮，表示對受拜之人極為尊敬。

「哀」為大悲，「世尊」是對佛的尊稱，至於為何稱佛為世尊，內文中將作詳細討論。「哀世尊」表示稱頌佛的大悲。

「劫」（kalpa）代表很長的時間，「無量劫」在這裏表示無始以來。

「荷眾苦」意思是擔負眾生之苦。佛陀因為憐憫眾生在輪迴

（saṃsāra）中受苦，故示現於世間，修習苦行，為的是渡化眾生，使他們離開六道輪迴。

《論疏》中引《大智度論》（*Mahāprājñāpāramitā-śāstra*）說「為菩薩時斷煩惱，得佛時除習氣」（大 42.242b），故佛陀早已斷盡煩惱，更除去一切習氣。「習氣」（vāsanā）是有情在世間的經驗行為發生以後，餘下的潛在力量，這種力量將來會在適當的條件具備時生起現象上的果報。除去一切習氣表示不會再生起世間的果報。

「梵釋」指梵天（Brahmā）和帝釋天（Indra），是印度神話中兩個最高的神祇，他們入了佛教，成為佛法的守護神。「龍神」亦是佛法的守護者，共有八位，合稱龍神八部。梵、釋、龍神原本都是外道的神祇，後來都歸入佛教，恭敬佛陀，這顯示論主提婆在此有導引外道歸入本教之意。

「照世法」指能夠袪除邪見，對事物達致正見的佛法。「無上」表示此佛法為至高。論主在此向佛法致以恭敬的禮拜。「瑕穢」即指世間的邪見。佛法能袪除邪見，故能「淨瑕穢」。「戲論」（prapañca）指由言說分別而來的見解。言說分別即是將事物概念化。概念是事物間的共通性，故不等同於事物本身，因此，戲論並不代表真實事物。另外，〈中論・觀法品〉青目釋說「戲論有二種，一者愛論，二者見論，即無此二戲論，二戲論無故，無憶想分別。」（大 30.25b）對於一切事物，在情意方面拘執的言說稱為愛論，在理解上執持某種固定見解的言說則稱為見論。[1]照世法能直觀一切事物，達致正見。直觀即是直接透達事物本身，不作概念化或分別，從而止息戲論。

---

[1]　多屋賴俊等編《新版佛教學辭典》（京都：法藏館，1996），頁 1。

「諸佛世尊之所說」應解作佛世尊所說之諸佛法，而不是諸佛所說的佛法，原因有二：首先，佛經所記載的基本上都是釋迦佛在世時的說法，而不是諸佛所說。此外，佛所說的法有多種，以應對不同稟賦和不同階位的眾生，包括大、小乘的修行者和凡夫，故應解作諸佛法。

「八輩」指小乘（Hīnayāna）的八賢聖，是小乘修行者所達致的八個階位，包括：預流向、預流果、一來向、一來果、不還向、不還果、阿羅漢向、阿羅漢果。「真僧」則指發心修道，但未達上述八個階位的修行者。這最末兩句的意思是，世尊所說的諸佛法，同時及於小乘的八賢聖以及初修佛道的人。

論主提婆以這首偈頌來發起論端，偈頌中提出了釋迦佛的世尊地位，他的修行成果和所說佛法的功德，藉此導引外道歸入佛門，同時亦應對小乘修行者的需要。吉藏在《論疏》中多次強調這首偈頌是敬讚三寶（大 42.242c），但就其內容看，只有敬讚佛寶和法寶，未見敬讚僧寶。這亦是可以理解的，由於論主本身就是大乘（Mahāyāna）修行者，故不應自我頌讚，頌讚僧寶的說話應出於在家人。上面已提到，偈頌中已表達了本論有渡化外道歸入佛門的作用。此外，在最末兩句更指出，本論亦能應對小乘以至初學的修行者。

1.　外曰：偈言世尊之所說，何等是世尊？
　　內曰：汝何故生如是疑？

「世尊」（bhagavat），音譯為薄伽梵，意思是世間所尊敬的。外道在這裏問論主怎樣才能稱為世尊，他的態度似是質疑何以

唯有釋迦佛才能稱為世尊。

　　論主未有即時回應問題,而是反問外道為何提出這樣的問題。
這樣的反問,可以讓論主先了解外道提出質疑的依據,以便就那些
依據作出回應。

2.　　外曰:種種說世尊相,故生疑。有人言葦紐天(秦言遍勝天)
　　　名世尊。又言摩醯首羅天(秦言大自在天)名世尊。又言迦毘
　　　羅、優樓迦、勒沙婆等仙人皆名世尊。汝何以獨言佛為世尊?
　　　是故生疑。

　　　內曰:佛知諸法實相,明了無礙,又能說深淨法,是故獨稱佛
　　　為世尊。

　　「相」(lakṣaṇa)指事物的特質。「葦紐天」(Viṣṇu)又譯作
毘瑟奴天,是在《奧義書》(Upaniṣad)中出現的婆羅門教的神祇,
與濕婆(Śiva)及大梵(Brahman)同為婆羅門教的信仰核心。[2]此
外,Viṣṇu 又稱為天界之神,據說太陽是由祂的頭變成的。[3]

　　「摩醯首羅天」(Maheśvara)的梵文前部分 Mahā 是大的意思,
後半部 īśvara 是自在、主宰、王的意思,Mahā 與 īśvara 連聲成為
Maheśvara,漢譯為大自在天。祂是梵(即梵天)的人格化的神祇,
大梵具有幻力(māyā)的本能,一切事物,包括時間、生命以至大

2　　參考楊惠南《印度哲學史》(臺北:東大圖書公司,1995),頁 53-54 。
　　又參考 Surendranath Dasgupta, *A History of Indian Philosophy*, Vol.I,
　　Delhi: Motilal Banarsidass, 1992, p.39.

3　　參考荻原雲來編《梵和大辭典》(臺北:新文豐出版公司,1988),
　　下冊,頁 1256。

自在天都是由幻力化成。[4]

「迦毘羅」（Kapila）是數論派的創始人，又稱為黃頭大仙。據說佛祖釋迦的出生地迦毘羅城（Kapilavastu）就是他的居所。[5]

「優樓迦」（Ulūka）是勝論派的創始人，據《百論疏》所述，此人在釋迦未興八百年前已出生，又稱為鵂鶹仙、鵂角仙和臭胡仙。（大 42.244b）鵂鶹即夜梟或貓頭鷹，這種鳥晝伏夜出，而優樓迦亦是白日造論，夜半遊行，故時人稱他為鵂鶹。

「勒沙婆」（Ṛṣabha）是耆那教（Jainism）的創教祖師。據《百論疏》所述，此人又稱苦行仙，他認為現世受苦盡後自有樂出現。（大 42.244b）他持守牛戒，即仿效牛以草為食糧，故又稱為牛仙。耆那教在勒沙婆去世後分為兩個派別，一是身穿白衣的，稱為白衣派（Śvetāmbaras），另一是堅守勒沙婆的嚴緊戒律，實行裸體的，稱為裸形派（Digambaras），佛教的典籍中常稱他們為裸形外道或無慚外道。

外道對論主以釋迦佛為世尊提出質疑，論主反問外道質疑的原因。外道指出，就世尊的特質，世間上有不同的說法，故有疑問。有指葦紐天（遍勝天）是世尊，有人說摩醯首羅天（大自在天）是世尊，又有說迦毘羅、優樓迦、勒沙婆等仙人皆名世尊。他質疑論主為何單以釋迦佛為世尊。

論主回應外道的質疑時提出了能被稱為世尊的條件，第一是知諸法實相，第二是明了無礙，第三是能說深淨法。〔**案：當時印度的主要宗教，包括婆羅門教的數論和勝論、佛教、耆那教等，都普**

4　　《印度哲學史》，頁 76-77。

5　　吳汝鈞編《佛教大辭典》（北京：商務印書館，1994），頁 426a。

遍認同達致解脫的方法有兩方面，一是知識，二是冥想。知諸法實
相是認識到世間事物的來源以及如何形成種種事物，這是知識方
面。明了無礙就是能在冥想中體會宇宙的真實境界。所謂「礙」，
即是令人未能體會真實境界的障礙。當時的人一般認為五官對事物
的認識，即是眼所認識的色，耳認識的聲，鼻認識的香，舌認識的
味和身認識的觸感，都是阻礙我們體會真實境界的障礙，因此要在
冥想中令五官的活動靜止下來，這是冥想的重要階段。知識和冥想
都屬於個人自身的修行，而提婆提出的第三點，則是渡化他者，令
他者亦得解脫。「說深淨法」的「深」，表示所說的義理達到終極
的境界，而「淨」則指出義理的真實性、正確性。故深淨法就是達
到終極境界而真實的義理。提婆在這裏強調「深」而「淨」，目的
是要區別佛法與下面將提到的數論和勝論的義理。數論和勝論的義
理都述及終極境界，都可說是「深」，但提婆認為他們的義理並不
真實，故不是「淨」。因此說只有釋迦佛能說深淨法，故獨稱為世
尊。

　　知識和冥想能達致解脫，這是大多數外道以至小乘佛教的看
法，著重點只在個人的解脫。雖然他們都有著作經論，有說法，這
些都屬於渡化他者的行為，但在他們的義理中，要達致解脫並不一
定要渡化他者，這一點是大乘佛法跟小乘及外道的重要分別。提婆
強調，能稱為世尊的必須能說深淨法，這是大乘精神的表現。在提
婆的時代，大乘觀念的弘揚只是剛起步，當然，提出這觀念的是釋
迦佛陀，但廣泛弘揚的當以龍樹（Nāgārjuna）為起點，而提婆則是
龍樹的直接弟子。這大乘觀念是以個人的解脫為基礎，再透過渡化
眾生以追求眾生的解脫。因此，渡化眾生是達致解脫所必需的，而
這眾生解脫的觀念則比個人解脫有更高的層次。〕

3. 外曰：諸餘導師亦能明了諸法相，亦能說深淨法。如迦毘羅弟子誦《僧佉經》，說諸善法總相、別相；於二十五諦中，淨覺分是名善法。優樓迦弟子誦《衛世師經》，言於六諦，求那諦中，日三洗，再供養火等，和合生神分善法。勒沙婆弟子誦《尼乾子經》，言五熱炙身、拔髮等受苦法，是名善法。又有諸師，行自餓法，投淵赴火，自墜高巖，寂默常立，持牛戒等，是名善法。如是等皆是深淨法，何以言獨佛能說耶？

內曰：是皆邪見，覆正見故，不能說深淨法。是事後當廣說。

　　《僧佉經》（*Sāṃkhya Sūtra*）又稱為《數論經》，這部經在名義上是迦毘羅的著作，但近代學者認為這部作品應在較後期才出現。[6]「僧佉」是梵文 sāṃkhya 的音譯，意譯是數目，有計算和深思熟慮的意思。

　　「總相」指大有，在數論的理論中，大有總攝世間一切事物，故稱為總相。稍後介紹二十五諦時會有較詳細的說明。「別相」指個別的事物。數論以自性（prakṛti）為萬物的根源，但自性在原本的狀態中沒有相狀，故不可知。自性轉變成為大，又名大有或覺或相，就變成具有相狀而可知。而一切其他事物都由大有再轉變而成。就自體而言，大有以至一切其他事物，其自體都是自性；就相狀而言，則稱為大有及種種事物。其中的大有含攝世間一切事物，因此是一切事物的總相，而其他事物則是再由大有轉變而成，因此各自為別相。

6　Erich Frauwallner, *History of Indian Philosophy*, translated by V.M. Bedekar, Vol.I, Delhi: Motilal Banarsidass Pulbishers Ltd., 1993, p.225.

　　「二十五諦」是數論描述一切事物的來源以及如何生成的理論，當中包含二十五個主要的概念，這個理論被該宗派奉為真理，故稱為二十五諦。現先列舉這二十五個概念如下：

　　　　神我（puruṣa, soul）

　　　　自性（prakṛti, matter）

　　　　大有（mahat, the great one）

　　　　我慢（ahaṃkāra, ego）

　　　　唯（tanmātra, potential）有五種，分別是：色、聲、香、味、觸

　　　　大（paramāṇu, atom）有五種，分別是：地、水、火、風、空

　　　　根（indriya, sense）有十一種，分別是五知根、五作根和意根；

　　　　五知根包括：眼、耳、鼻、舌、皮；五作根是：語、手、足、

　　　　男女根、大遺

神我是純粹的意識，屬精神性的存在，數量眾多。自性則是物質性的存在，而且具有動力。自性具有三種性格，即所謂自性三德，分別是：喜（sattva, intelligence-stuff）、憂（rajas, energy-stuff）、闇（tamas, mass-stuff）。喜是快樂、光明、昇浮、智慧的性格；闇跟喜剛相反，是愁苦、幽闇、滯重、愚癡的性格；而憂則是永恆的動力，是一切活動的動力來源。這三種性格在自性中原本保持均衡的狀態，這時，自性寂然不動。這自性是世間一切存在事物的原因，屬於形而上界域，故不為世間所感知。自性是一切事物的物質因，意思是一切物質性事物的質料都從自性而來，是自性自身變化而成的。自性又是一切活動的動力因，但當自性三德處於均衡的狀態中，自性的動力保持潛藏狀態，故自性寂然不動。自性雖然具有物質和潛藏動力，但沒有發展方向。神我沒有物質性，亦沒有動力，但有意志，可指示自性發展、轉變，使之成為供自己利用的工具。對於

神我與自性的關係，數論喜用瞎子和跛子作比喻。自性比作瞎子，它有能力走動，但不懂方向；神我則喻為跛子，它能看清方向，但無力活動。二者合作之下，瞎子背著跛子，由跛子指示方向，瞎子盲目地依指示前行。因此，自性的發展是以神我的意志為依歸。

自性原本處於寂靜狀態，但與神我結合後，自性三德的均衡狀態被擾動，自性因此產生變化，當下就成為「覺」（buddhi）。這覺就是形而下界域，即是世間的原初狀態。覺這名稱是相對於處於寂靜、蒙昧狀態的自性而說，自性跟神我結合而變得具有意志，故稱為覺，又名為想、智、慧等。世間一切事物都由覺所變現，故又名為大或大有，即是上面所說的「總相」。它又遍滿於一切處，故又稱為遍滿。吉藏的《百論疏》引述《大智度論》稱它為中陰識、冥諦、世性等。[7]

我慢又稱為我心，《百論疏》說「我心者惑心，稍麁，持於我相，故名我心，即佛法識支。」（大 42.245b）吉藏指我慢是惑心，相比之下，大有只是一個客觀的存在，無所謂惑。而我慢為甚麼是惑心呢？這是因為我慢「持於我相」，即是執持自我的存在，這是一種迷執，故吉藏指其為惑心。另外，吉藏說我慢「稍麁」，這是相對於大有而言。大有又稱為中陰識（antarā-bhava-vijñāna），這是由於它精細；又稱為冥諦，是由於它不能了知；又名世性，由於它是世間一切事物的本性。大有精細，我慢則稍麁，因此亦較能了知。若按 Dasgupta 的說法，大有具有三種性格，這時以喜為主導，繼續發展，同時間，結合了自性的眾多神我，由原本具有的一種集體意識逐漸分裂，個別神我佔據部分自性而分離開來，其他神我亦隨之

7　詳見《百論疏》，大 42.245a-b。

而分離，並產生自我意識，即為我慢。[8]

自我意識產生的同時，即形成我與我所的相對狀態。我所即是自我所認識的一切事物。事物的基本單位是五唯，《百論疏》中稱為五微塵，分別是色、聲、香、味、觸。五塵生五大，其中的地大具足五塵，水大具色、聲、味、觸四塵，火大具色、聲、觸三塵，風大具聲、觸二塵，空大則只具聲塵。地大由於具足五塵，故重墜而處於最下；空大則只具聲塵，故輕升而處於最上。若比配佛法的十二因緣，五唯、五大為名色支。（大 42.245b）名（nāman）是概念，色（rūpa）是物質。

五大組成世間萬物，包括十一根。這十一根是每個有情自身所具備的，包括眼、耳、鼻、舌、身五者合稱五知根，以及語根、手、足、大遺、男女根五者合稱五作根，再加上意根，共為十一根。

前面提到我慢，又名我心，為惑心，表示其為雜染的。而在我慢之先的大有，又名覺，則未經雜染，故為清淨的，數論以這淨覺分為善法。然而，按《百論疏》所述，覺有二種，一垢二淨。（大42.246c）其中淨者為淨覺分。但按照上文所述，大有由自性所變，獨一而遍滿，故不應有二分，因此本文不取《百論疏》的說法。

《衛世師經》（Vaiśeṣika sūtra）又稱《勝論經》。據 Dasgupta所述，此經很確定早於公元八十年出現，或許比佛經更早。Vaiśeṣika音譯為衛世師，意思是殊勝、卓越，漢譯一般為勝論。勝論與數論都是婆羅門教的主要教派。而在提婆以至世親的年代，這兩派的影響力都較大，而且與佛教的交涉亦較多，本論所應對的對象亦以這兩派為主。

---

[8] *A History of Indian Philosophy*, pp.249-250.

　　對於宇宙萬物的理解，勝論有「六諦」的理論，亦稱為六句義。句義（padārtha）中的「句」（padā）表示語言、概念，「義」（artha）表示對象或意義，句義的意思就是語言所表達的對象。勝論認為語言或概念的意義是代表真實存在的宇宙萬物，因此，宇宙萬物是語言的對象。他們以六個範疇概念去概括萬物，這即是六句義，包括：實（dravya）、德（guṇa）、業（karman）、同（sāmānya）、異（viśeṣa）、和合（samavāya）。

　　實指實體，勝論認為基本的實體是極微細的粒子，稱為極微（aṇu）。作為基本元素的實體共有九種，分別是：地（kṣiti）、水（ap）、火（tejas）、風（marut）、空（ākāsa）、時（kāla）、方（dik）、我（ātman）、意（manas）。極微是永恆不滅的東西，萬物的自體都是由某些極微以不同的分量、不同的形式組合構成的。[9] 地、水、火、風合稱四大，是印度普遍認許的基本元素。空除了是永恆，還遍滿於一切處，聲音就是依靠空來傳播的。勝論把時間也視為一種實體，它遍滿而整一，但卻表現為眾多而連繫於每件事物，作為事物轉變的原因。「方」是方向，勝論認為，由於它的作用，令到事物被看成位於左、右、上、下、東、西、南、北八個方向。「我」是靈魂，每一有情都具有各自的靈魂，另外又有一個遍滿於一切處的靈魂。靈魂具有苦、樂、欲等德性。「意」是記憶的載體，當它連繫著靈魂、感官和對象時，就能產生感覺、知識、欲望等。每一實體都是獨立存在的，其餘五種存在事物，即是德、業、同、

9　這些組合成的事物亦是實體，但有著跟極微完全不一樣的特性。極微是不可見的，無方分，也無對礙性，但由極微組合而成的實體卻是有方分，有對礙性以及可以被認識的。

異、和合，都必須依附著實體才能展現出來。[10]

第二種句義是德，德是隸屬於實體的性格。勝論列舉了十八種德，包括：色（rūpa）、味（rasa）、香（gandha）、觸（sparśa）、聲（śabda）、數（saṃkhyā）、量（parimiti）、別體（pṛthaktva）、合（saṃyoga）、離（vibhāga）、彼體（paratva）、此體（aparatva）、覺（buddhi）、樂（sukha）、苦（duḥkha）、欲（icchā）、嗔（dveṣa）、勤勇（yatna）。「色」指顏色，是只能用眼去感知的一種性格。「味」是只能以舌去嚐的一種性格。「香」是只能以鼻嗅的性格。「觸」是只能以皮膚去感覺的性格。「聲」是以耳去感知的一種性格，是只屬於空（ākāśa）的性格。「數」是讓我們能夠數算物件數目的一種性格，例如有兩個瓶，若我們逐一去看，左邊的瓶具有「一性」（oneness），右邊的瓶也具有「一性」，我們可以算出左邊有一個瓶，右邊亦有一個瓶。但如果我們同時看這兩個瓶，這兩個瓶就出現「二性」（twoness），我們因此就知道眼前有兩個瓶。「量」是讓我們知道事物的大小的一種性格。「別體」是令兩件或多件事件呈現為不同的東西的一種性格，例如兩個盆放在地上，我們可以看到它們的形狀不同，位置不同等，這就是由於別體的作用。「合」是令事物呈現為連結在一起的一種性格。「離」則是破壞事物的連結的一種性格。「彼體」是令事物呈現為在時間上或空間上是遠的一種性格。「此體」則是令事物呈現為在時間上或空間上是近的一種性格。其餘六種性格，包括「覺」、「樂」、「苦」、「欲」、「嗔」、「勤勇」都是屬於我（ātman）的性格，其中「覺」是讓我

---

10 *A History of Indian Philosophy*, pp.310-312.

們能夠認識事物的一種性格。[11]在不同時期，勝論就德的數目有所增減，吉藏在《百論疏》中就舉出了二十一種德。（大 42.246c）甚至句義的數目亦有不同，但基本上都包括實、德、業三種句義。某一實體可具有其中一種或多種德。

第三種句義是業。業指活動，它亦必須附屬於實體才能表現出來。勝論列舉了五類活動，包括：往上、往下、縮小、擴大和平面的移動。實體必須具備業才能進行活動。

第四種句義是同。同指事物之間的共通性，例如眾多的人，他們每個都具備人的特質，這種人的特質就是眾多的人的共通性。各種共通性之中，以句義之間的共通性為最具普遍性，每種句義都有著同一的性質，就是存在。存在就是所有句義的共通性，而六句義包含了一切事物，因此，存在就是一切事物的共通性，故稱為最高的同。其他的共通性都是較次級的同，而只屬於兩件事物的共通性就是最低級的同。

第五種句義是異。異是每一事物的獨特性，這獨特性令事物呈現為不一樣。由於每一事物都具有異，因此，沒有兩件事物是完全同一的。

第六種句義是和合。和合又稱為內屬，它的作用是令兩樣東西，例如實與德、實與業等結合成似是同一東西的一個整體。這和合句跟上面提到的德句之中的「合」看來有點相似，在這裏須作出區別。合是令事物呈現為連結在一起的一種性格，例如將一支筆放在枱上，筆與枱這時連結在一起，這是合的作用，但筆與枱亦可有離的作用令它們的連結被破壞而分開，這兩件事物可各自存在。但和合

---

[11]　*A History of Indian Philosophy*, pp.313-316.

的事物就不能分開，例如一輛移動中的車，屬於實句的車與屬於業句的移動和合而成移動中的車，二者結合成一整體，「移動」不能離開「車」而獨立存在，亦可說「移動」這種業，內屬於「車」這實體。另一方面，合是令兩件屬於相同句義的東西連在一起，例如杯與枱兩個實體連結著；而和合則是兩件屬於不同句義的東西的結合，例如某種業內屬於某個實體，或某種德內屬於某個實體。另外，和合或內屬的兩樣東西是有主從之分的，德可以內屬於實體，但不能說實體內屬於德，因為實體為主，德為從。而合則是兩件東西的對等結合，我們可以說杯結合了枱，亦可說枱結合了杯。

　　「求那」即是「德」的梵文 guṇa 的音譯。「日三洗」即每日早、午、晚三次在恒河中洗浴。恒河是印度人的聖河，他們相信恒河可洗淨人的罪咎。「供養火」按照《百論疏》所說，供養火可得福樂，方法有四種：一、晨朝禮敬；二、殺生祭祀；三、燃眾香木；四、獻諸油燈。一個人如果能做到日三洗、供養火等善業，他就是具有求那中的覺，即是智，這個人作為實體，與覺和這些善業和合，就能產生「神分善法」。（大 42.247a-b）「神」指實句中的「我」，即是神我或靈魂。神分善法即是內屬於靈魂的福樂。

　　「尼乾」是梵文 nirgrantha 的音譯，解作離繫或露體。耆那教的聖典《尼乾子經》[12]相信是取離繫的意思，即是脫離繫縛，達致

---

[12]　就筆者所見，耆那教的資料中未見到對應於《尼乾子經》的梵文名稱。尼乾子是耆那教祖師勒沙婆之後最重要的人物伐馱摩耶（Vardhamana）的別稱，耆那教在漢譯佛典中常被稱為尼乾，這裏的「《尼乾子經》」可能指耆那教的某部聖典。現存耆那教最早的典籍是 Śrī Umāsvāti Ācārya（Ācārya 解作：老師）所造的 *Tattvārthādhigama-sūtra*。

解脫。《百論疏》亦以尼揵子（即尼乾子）解作無結，依經修行離
煩惱結，故以為名。（大 42.247b）這個解釋亦切合離繫的意思。關
於《尼乾子經》的內容，《百論疏》說：

> 經說有十六諦，聞慧生八：一天文地理、二算數、三醫方、
> 四呪術，及四事陀，故云八也。次修慧生八者：修六天行為
> 六，及事星宿天行為七，修長仙行為八。（大 42.247b）

其中的聞慧屬知識方面，而修慧則屬修行方面，但提到的四事
陀、六天行等的具體內容則未有資料。

論主在前段指出，稱釋迦佛為世尊是由於他明確了解諸法實
相，又能向眾人說深淨法。外道在這裏則反駁說，迦毘羅、優樓迦
和勒沙婆皆明了諸法，亦能說深淨法，故不應獨以釋迦佛為世尊。
但論主指出，以上三人所知的都是邪見，障礙二見，他們亦不能說
深淨法，以下將會詳細論述。

4.　外曰：佛說何等善法相？
　　內曰：惡止、善行法（修妬路）。佛略說善法二種：止相、行
　　相。息一切惡，是名止相；修一切善，是名行相。何等為惡？
　　身邪行、口邪行、意邪行。身殺、盜、婬；口妄言、兩舌、惡
　　口、綺語；意貪、瞋惱、邪見。復有十不善道所不攝：鞭、杖、
　　繫、閉等；及十不善道前後種種罪，是名為惡。何等為止？息
　　惡不作。若心生，若口語，若受戒，從今日終不復作，是名為
　　止。何等為善？身正行，口正行，意正行。身迎送、合掌、禮
　　敬等；口實語、和合語、柔軟語、利益語；意慈、悲、正見等。

如是種種清淨法，是名善法。何等為行？於是善法中，信受修
習，是名為行。

外道見論主批評迦毘羅等人不能說深淨法，於是提問釋迦佛所
說的是怎樣的善法。〔案：他的意圖顯然是準備挑戰論主的說法。〕
論主回答指佛所說的是惡止法和善行法。

婆藪解釋，總括來說，善法有二種：止相和行相。止相是止息
惡行，即不再作出任何惡行；行相是修一切善，即是作出一切善行。
「惡」包括身邪行、口邪行和意邪行。身邪行包括殺戮、偷盜、邪
婬；口邪行包括妄言、兩舌、惡口、綺語；意邪行包括貪、瞋惱、
邪見。以上共十種惡行合稱為十不善道。除此之外，還有十不善道
未有包括的惡行，如鞭、杖、繫、閉等，這些惡行雖然未致於令他
人死，不屬殺業，但仍是傷害他者的惡行。另外還有十不善道前後
種種罪，例如殺人前的謀劃，殺人後掩飾惡行的行為等。

甚麼是「止」呢？若從消極或靜態方面說，止息一切惡行就是
「止」；倘若從積極方面說，則是或在心中生起一種決志，或以口
宣說出來，或以受戒方式立誓，從今以後不復作出任何惡行，這就
謂之「止」。

甚麼是「善」呢？善亦包括身、口、意三方面，分別稱為身正
行、口正行和意正行。這裏舉出了一些例子，身方面如迎送、合掌、
禮敬等動作；口方面如實語、和合語、柔軟語、利益語等；意方面
如慈、悲、正見等。

甚麼是「行」？這裏指出，「行」就是實踐善法，這包括「信
受」和「修習」兩方面，信受是對於善法起真心的認同，在這種認
同的基礎上隨之實行就是修習。

5.　外曰：汝經有過，初不吉故（修妬路）。諸師作經法，初說吉故，義味易解，法音流布。若智人讀誦念知，便得增壽，威德尊重，如有經名《婆羅呵波帝》（秦言《廣主經》）。如是經等，初皆言吉。以初吉故，中、後亦吉。汝經初說惡故，是不吉，是以言汝經有過。

　　內曰：不然。斷邪見，故說是經（修妬路）。是吉是不吉，此是邪見氣，是故無過。復次，無吉故（修妬路）。若少有吉，經初應言吉。此實無吉。何以故？是一事，此以為吉，彼以為不吉，或以為非吉非不吉，不定故無吉。汝愚人無方便，強欲求樂，妄生憶想，言是事吉，是事不吉。復次，自、他、共不可得故（修妬路）。是吉法不自生。何以故？無有一法從自己生故。亦二相過故，一者生，二者能生。亦不從他生，自相無故，他相亦無。復次，無窮故，以生更有生故。亦不共生，二俱過故。凡生法有三種：自、他、共。是三種中，求不可得，是故無吉事。

　　論主在前段以惡止、善行來解釋善法相，外道在這裏就執著於論主先說惡，後說善這種次序來提出批評。外道指論主剛才所說的經有過失，理由是「初不吉」。〔案：「初」表示在最先的。外道以惡為不吉，以善為吉。外道指論主的經先說惡，是不吉，因此有過失。〕

　　婆藪解釋，外道指出，諸師作經的方法都是先說吉，即是先說正面的信息，這樣能讓人易於了解，有助於經義的傳揚，而讀經的智者若念誦這些經文，便得到增壽、威德尊重等益處。他又舉例如《廣主經》，按《百論疏》說「廣主經者，明治化之道，廣明國主

之德，或言是彗星天子所造，或云鎮星天子所造。」（大 42.251a）
這些經典皆在開首之處提述吉事。外道指出，由於初吉，因此，中
後亦吉。這種說法表示，卷首的文字的性格能決定全經的性格。他
指出，論主所說的經先說惡，即是不吉，若按照以上原則，全經都
成為不吉，因此，他認為論主的經有過。

　　論主否定外道的說法。他表示，講這部經之目的是要斷除邪見。

　　婆藪解釋，外道把經文說為吉或不吉，都是「邪見氣」。〔案：
《百論疏》說「內懷邪見，外宣之於口，故稱為氣。」（大 42.251b）
邪見是一種錯誤的想法，將這種想法說出來則稱為邪見氣。這「氣」
不作範疇解，如理、氣之類。卻表示將抽象的東西具體化，成為某
種表現，如中醫所說的熱氣、邪氣。〕

　　為甚麼把經文說為吉或不吉都是邪見氣呢？論主進一步解釋，
吉本身不是實際的存在。

　　婆藪解釋，他姑且認同如果吉實際存在，即使只是很少，經的
卷首都應先說吉。然而，實際上無吉，理由是，同一件事，此人認
為是吉，彼人可能認為是不吉，或認為非吉非不吉。如果吉是實在
的東西，就不能改變，任何人都應承認這是吉。但是不同人對於同
一件事，有說是吉，有說是不吉，或非吉非不吉，說法不定，由此
可見，根本沒有實在的吉。一般所謂的吉或不吉，是凡人不懂這只
是一種方便說法，他們為追求欲樂，產生妄念，以為某些事為吉，
某些為不吉，從而追求吉事以滿足欲樂。

　　論主再從自生、他生、共生三方面去論證無實在的吉。〔案：
任何事物如果有實在的生起，只可能有三種方式：自生、他生、共
生。〕

　　婆藪解釋，若吉從自生，則與世間相違。世間共許無一法從自

己生。再者,自生亦有二相過。〔案:二相過指同一事物同時有著
兩種相違的特質,或是指它會從一種特質轉變至另一種特質。若事
物以自性作為它的存在基礎,則它只能具有其自性的特質,不能具
有另外一種;而自性不能改變,故該事物的特質亦不會改變。〕若
事物自生,則該事物就具有二相,即能生相和所生相,從自性的角
度看,這是不可能的。若說吉從他者生,這亦是不可能,因為倘若
他者非吉,則不可能生起吉;倘若他者是其他吉,他生起吉的情況
就等同吉的自生,同樣有過,因此「自(生)相無故,他(生)相
亦無」。再者,自生、他生皆有無窮過,因為倘若此刻有生,則下
一刻,以至每一刻皆應有生,這樣就會無窮地生,這並不合理。若
說吉共生,即自、他共生,就同時有著自生、他生的過失,故亦不
可能。若有生,只有三種可能方式,即自生、他生、共生,現在三
種生皆不成立,故知無吉生起。〔案:論主在這裏所說的皆是假設
在自性的基礎上,在這樣的基礎上無吉生起,故知世間的吉皆無自
性。這種思路顯然是承繼龍樹《中論》破自生、他生、自他生的模
式而來。[13]〕

6.　外曰:是吉自生故,如鹽(修妒路)。譬如鹽自性鹹,能使餘
物鹹。吉亦如是,自性吉,能使餘物吉。
　　內曰:前已破故。亦鹽相鹽中住故(修妒路)。我先破無有法
自性生。復次,汝意謂鹽從因緣出,是故鹽不自性鹹。我不受
汝語,今當還以汝語破汝所說。鹽雖他物合,物不為鹽,鹽相

---

[13]　參考《中論》〈觀因緣品〉「諸法不自生,亦不從他生,不共不無因,
是故知無生。」(大 30.2b)

鹽中住故，譬如牛相不為馬相。

　　外道在這裏反駁論主所說的吉不能自生的說法，他舉鹽為喻。

　　婆藪解釋，鹽本性是鹹，亦能使其他事物變成鹹，同樣地，吉法本性是吉，亦能使其他事物成為吉，這即是吉能生起吉，故吉是自生。

　　論主表示，鹽的特性只留在鹽中。

　　婆藪解釋，先前已破任何事物自生的說法，包括鹽和吉自生的說法。但外道仍舉鹽為喻，試圖推翻論主的說法，故論主在這裏再分析鹽的喻例，以指出這並非正確的喻例。論主首先指出，按外道所說，其他東西跟鹽混在一起就會變成鹹，而鹹是鹽的自性，因此那些東西亦成為鹽，所以說鹽生起鹽，即是自生。論主認為，倘若這樣，那些變成鹽的東西就應是從因緣生出，因為它們原先不是鹽，在吸收了鹽的鹹性後才成為鹽，鹽的鹹性就是它們的因緣。而這些新成的鹽並不是在自性上就是鹹，而是由於因緣才成為鹹。論主要再進一步以外道本身的說法去論破外道所說，所以他首先聲明並不是接受外道的自性的說法，而是指出即使運用這種自性的說法，外道所說的仍是有過失的。論主指出，鹽與其他東西混合後，那些東西亦不會變成鹽，因為依照外道的自性的說法，鹽的自性只會住著於鹽之中，不會遷移到其他東西之內，譬如牛，即使與馬混在一起，牛亦只具有牛相，不會變成具有馬相。

7.　外曰：如燈（修妬路）。譬如燈，既自照，亦能照他。吉亦如是。自吉亦能令不吉者吉。

　　內曰：燈自、他無闇故（修妬路）。燈自無闇。何以故？明闇

不並故；燈亦無能照，不能照故。亦二相過故：一能照，二受
照。是故燈不自照。所照之處亦無闇，是故不能照他，以破闇
故名照，無闇可破，故非照。

雖然鹽喻已落敗，但外道仍試圖挽救吉能自吉，亦能令其他東
西成為吉的論點，而再舉燈為喻。

婆藪解釋，燈能自照，亦能照他，同樣地，吉能自吉，亦能令
不吉者成為吉。

論主的回應是「燈自、他無闇故」，意思是燈本身所在之處以
及燈周圍的他處都沒有闇。

婆藪解釋，為甚麼論主這樣回答呢？因為「破闇故名照。」外
道以燈能自照，亦能照他為論據，重點是能照。如何成立能照呢？
論主指出，能照即是能破闇。然而，燈處無闇，燈周圍之處亦無闇，
既然無闇可破，則能照不成立。燈自身之處無闇，因為明與闇相違，
不能共處，燈既是明，故燈之處無闇，無闇故無能照。再者，說燈
自照亦有二相過，一相是能照，第二相是所照。因此，燈不能自照。
燈照他方面，燈的周圍亦無闇，既然無闇可破，故不能說燈照他。

〔案：論主在這裏的應對，都是假設站在對方，即外道的立場
上而說的。外道的基本立場是執持自性，即是認為一切事物都有著
實在的存在依據。如果明與闇都是實在的，則以明破闇才能稱為
照。但既然在燈自處和他處都無闇，無闇可破，故燈無自照，亦無
照他。論主這種論證方法，是先假設對方的基本立場是正確的，再
從這立場進行推論，但結果得不到客觀所見的現象，論主便可否定
對方的基本立場的確實性，即是破除自性的立場。論主這樣論證之
目的，並不是要否定眼前所見，燈能自照、照他的現象，事實上，

這是雙方都承認的客觀現象。論主要指出的是，若執持著自性的立場，便不能建立這眼前的現象，因此不應執持自性。這種論證方法亦在《中論》中常見。[14]）

8.　外曰：初生時二俱照故（修妬路）。我不言燈先生而後照，初生時自照，亦能照他。

內曰：不然。一法有、無相不可得故（修妬路）。初生時名半生半未生。生不能照，如前說，何況未生能有所照？復次，一法云何亦有相亦無相？復次，不到闇故（修妬路）。燈若已生，若未生，俱不到闇，性相違故。燈若不到闇，云何能破闇？

　　外道見燈已生時已無闇可破，故轉而說燈初生時能自照，亦能照他。

　　論主指出，一件事物，不可能同時屬有相和無相。

　　婆藪解釋，論主從三方面去破外道所言。首先，所謂初生時，應是半生、半未生時。上文既已指出，燈已生時尚且不能照，何況未生？第二，一件事物不能同時是有又是無，所以沒有半生半未生的情況。第三，燈或是已生，或是未生，都不到闇。燈若已生則是明，明與闇相違，故燈不能到闇。燈若未生，則無物可到闇。燈若不到闇，怎能破闇？

14　例如〈觀因緣品〉說「果不從緣生，不從非緣生。」（大 30.3b）又〈觀六情品〉說「見不能有見，非見亦不見。」（大 30.6a）都用上這種論證方法。

9. 外曰：如呪、星故（修妬路）。若遙呪遠人能令惱，亦如星變
   在天令人不吉。燈亦如是，雖不到闇，而能破闇。
   內曰：太過實故（修妬路）。若燈有力不到闇而能破闇者，何
   不天竺然燈，破振旦闇，如呪、星，力能及遠？而燈事不爾，
   是故汝喻非也。復次，若初吉餘不吉（修妬路）。若經初言吉，
   餘應不吉；若餘亦吉，汝言初吉者是為妄語。

外道又舉呪、星為喻，意圖挽救自宗。

婆藪解釋，剛才論主是以燈不到闇，故無破闇，即無照。外道
現指出，念誦呪語能令遠方的人生起苦惱；星在天上變化，能令人
不吉。呪和星皆能不至受者而對受者產生作用，故燈雖然不到闇，
仍能破闇。

論主回應說「太過實」，意思是呪、星的能力比起燈實際上超
過很多，因此這個譬喻並不適用。

婆藪解釋，若燈有能力不到闇而破闇，則在天竺燃燈，應能破
東方的闇。然而，實際上不能，故燈不若呪、星等力能及遠，故此
喻並不適合。

另外，論主又從語意上駁斥外道。他指出，如果說初吉，即表
示其餘不吉。

婆藪解釋，外道既然說初吉，即表示外道所說的經只有開首部
分是吉，其餘應是不吉。倘若其餘部分亦是吉，即是全本經皆是吉，
那麼，說初吉就是妄語。

10. 外曰：初吉故餘亦吉（修妬路）。初吉力故餘亦吉。
    內曰：不吉多故，吉為不吉（修妬路）。汝經初言吉，則多不

吉，以不吉多故，應吉為不吉。

外道辯稱，由於開首部分是吉，此吉之力令其餘部分亦成為吉。〔案：按外道如此申辯，即承認後部分原本不是吉，但由於初部分是吉，後部分因此吉之力亦成為吉。外道在此為救「初吉」之言，卻承認了後部分由不吉變了成為吉。〕

論主則從量方面質疑外道的說法。他指出，既然不吉的份量較多，則原本吉的也應變成不吉。

婆藪解釋，既然外道的經原本只有開首部分是吉，其餘地方都是不吉，即是不吉的分量比吉的分量還要多。按照常理，分量多的影響力應比分量少的為大，因此，小量的吉應被大量的不吉影響而變成不吉，那樣，全本經也應變成不吉。

11. 外曰：如象手（修妬路）。譬如象有手，故名有手，不以有眼、耳、頭等，名為有眼、耳、頭。如是以少吉力故，令多不吉為吉。

內曰：不然，無象過故（修妬路）。若象與手異，頭、足等亦異，如是則無別象。若分中有分具者，何不頭中有足，如〈破異〉中說？若象與手不異者，亦無別象。若有分與分不異者，頭應是足，二事與象不異故，如〈破一〉中說。如是吉事，種種因緣求不可得，云何言初吉故中後亦吉？

外道為要證明小部分亦可影響大部分，舉了象手為喻。〔案：《百論疏》說「象有七枝，以手勝故，從勝受名為有手。」（大42.254a）這裏所說的七枝，相信是指四足，雙耳和鼻。由於象鼻能

做多種工作，如人的手，故「手」應指象鼻。此外，梵文 hasta 解作手，亦可解作象鼻。〕由於象具有這能靈活工作的鼻，其他動物都沒有類似的肢體，故象鼻最為獨特而且優勝，故稱象為「有手」。至於眼、耳、頭等，其他動物都具有，故不以此為名。外道指出，由於「手」是象最獨特之處，因此，雖然「手」只屬象的小部分，但仍然稱整隻象為「有手」。同樣地，吉雖然只佔經書的小部分，但因為吉在開首部分，故最為殊勝，全本經書亦因此成為吉。

〔案：外道以為部分能夠影響整體，那就應該弄清楚部分與整體的關係，才能確定部分能否決定整體的性格。從自性的角度說，事物間的關係可能是異，亦可能是一，不能有第三種關係。數論以獨一的自性變現出種種事物，種種事物的本質都是自性，而自性是整一而遍滿，故種種事物其實是同一的。勝論則以自性變成的五大、時、方、我、意為極微，由眾多極微結集成的事物則是全新的東西，跟極微有本質上的不同，每一件東西都各自成為獨立的實體，因此事物為各各別異的。〕論主在這裏指出，若按照外道所說，則有無象過。

婆藪解釋，若象與手、足、頭等別異，如勝論的理論，則無別象。〔案：原因是，現有的是象手、象足、象頭、象身等，這些東西各自都不是象，若除去這些就不另再有象，故說無別象。〕「分」指部分，「有分」即具有部分的，例如整隻象具有頭、足、軀幹等各部分，故有分即是整體。既然分與有分別異，若分中有分具者，即表示一件事物可包含另一件別異的事物，那麼，為甚麼不說頭中有足呢？這不也是一件事物含有另一件別異的事物麼？，這在〈破異品〉中已說過。相反，若象與手等不異，如數論的理論，亦無別象。因為假如象與手不異，象與頭，象與足亦應不異，那麼頭就應

是足，因為頭與足都跟象不異，這顯然亦不合理，在〈破一品〉中已說過。初吉與吉事的關係就如象手與象的關係，故可同樣地推知無吉事。既然根本無吉事，故此，由初分的吉令致後分亦成為吉，即是由小分的影響力令大分的性格亦變成與小分相同，這種推論並不正確。

12. 外曰：惡止止妙，何不在初？

　　內曰：行者要先知惡，然後能止。是故先惡後止。

　　外道質疑，「惡止」當中的「止」具有妙用，為甚麼不放在先呢？〔案：他的意思是，止息惡行是善法，這善法的重點在止息，故「止」具有妙用，應放在前，所以應說止惡，而不應說惡止。〕

　　論主的回應是，修行者要先知惡，然後才能止。〔案：倘若未知惡而先止，就即是未明白甚麼行為是惡，就先要停止惡的行為，這顯然不合理。修行者可能會基於經文的教導或師長的訓誨而停止作出某些行為，但由於心中仍未明白停止的原因，故心中仍想念著該行為，因而產生意業。但如果按照論主的說法，先惡後止，即是先讓修行者明白甚麼事情是惡，修行者得知是惡，而他存心向善，就自然會在心中止息這惡念，亦停止作出該行為。所以先說惡，後說止，對修行者的益處更大。〕

13. 外曰：善行應在初，有妙果故（修姤路）。諸善法有妙果，行者欲得妙果故止惡。如是應先說善行，後說惡止。

　　內曰：次第法故，先除麁垢，次除細垢。若行者不止惡，不能修善，是故先除麁垢，後染善法，譬如浣衣，先去垢，然後可

染。

外道認為，由於善行可帶來福樂果報，故應先說。

婆藪解釋，由於善法會帶來妙樂果報，修行者會因為欲得樂果而止惡，因此應先說善行，後說惡止。〔案：外道在這裏提出的，**是從說法善巧方面著眼，先說善行可帶來福報，可誘導修行者積極行善。**〕

而論主的回應則是從修行次第方面說。在修行上須先除去粗垢，即是止惡，然後以行善法來去除細垢，這是修行的應有次序，就好比浣衣，必須先漂洗，去除污垢，然後才能染色。論主特別指出，若不止惡，不能修善。〔案：**這是因為善與惡相違，行善法必需以善心為本，一心中不能善惡並存，倘若惡心不止，善心就不能起，以致不能修善。**〕

14. 外曰：已說惡止，不應復言善行。

內曰：布施等善行故（修妬路）。布施是善行，非是惡止。復次，如大菩薩惡已先止，行四無量心，憐愍眾生，守護他命，是則善行，非止惡。

外道指出，既然已說惡止，則不應再說善行。〔案：**他似是認為惡止就是善行，故不應重複提述。**〕

論主指出善行並不等同於惡止。

婆藪解釋，例如布施（dāna）是善行，並不是惡止。又例如大菩薩已止一切惡，仍繼續善行，這善行並不是止惡。

15. 外曰：布施是止慳法，是故布施應是止惡。

內曰：不然。若不布施便是惡者，諸不布施悉應有罪。復次，諸漏盡人慳、貪已盡，布施時止何惡？或有人雖行布施，慳心不止。縱復能止，然以善行為本，是故布施是善行。

外道指出，布施是停止慳，慳是惡法，因此布施應是止惡。

論主指出，若說布施是止惡，則不布施便是惡，這樣說，不布施便應有罪，這並不合理。再者，如菩薩等已盡種種漏，他們布施時還止什麼惡呢？雖然有些人行布施前未止慳心，而因行布施而令慳心止息，在這件事上，以善行為本而令惡止息，故布施應是善行而不是惡止。

16. 外曰：已說善行，不應說惡止。何以故？惡止即是善行故。

內曰：止相息，行相作，性相違故，是故說善行不攝惡止。

外道又反過來說，既已說善行，就不能再說惡止，因為惡止本身即是善行。

論主指出，二者行相不同，止相息，行相作，息與作性格相違，故善行並不包含惡止。

17. 外曰：是事實爾。我不言惡止、善行是一相，但惡止則是善法。是故，若言善行，不應復言惡止。

內曰：應說惡止、善行。何以故？惡止名受戒時息諸惡，善行名修習善法。若但說善行福，不說惡止者，有人受戒惡止，若心不善，若心無記，是時不行善，故不應有福，是時惡止故亦

有福。是故應說惡止，亦應說善行。是惡止、善行法，隨眾生意故，佛三種分別：下、中、上人施、戒、智（修姤路）。行者有三種：下智人教布施，中智人教持戒，上智人教智慧。布施名利益他，捨財相應思，及起身、口業；持戒名若口語、若心生、若受戒。從今日不復作三種身邪行、四種口邪行；智慧名諸法相中，心定不動。何以說下、中、上？利益差降故。布施者少利益，是名下智；持戒者中利益，是名中智；智慧者上利益，是名上智。復次，施報下，戒報中，智報上，是故說下、中、上智。

外道辯稱，他未有說惡止與善行是同一相，或同一事情，但惡止畢竟是善法，因此，如果已經說善行，就不應重複再言惡止。

論主表示，惡止是在受戒時止息諸惡，善行則是修習善法。倘若只說善行可帶來福報，而不提及惡止，則有些人受戒惡止後仍存心不善或無記，不修習善法，他們單憑惡止能否得福報呢？按理亦應得福。所以惡止和善行都應該說。佛將惡止善行法按著眾生不同的稟性分別為三種。

婆藪解釋，修行者有三種，若修行者是下智人，就教他布施（dāna）；是中智人，則教他持戒（śīla）；屬上智人就教以智慧（prajñā）。利益他者名為布施，包括財施（āmiṣa-dāna）、法施（dharma-dāna）和無畏施（abhaya-dāna）。這裏說「捨財相應思」，當中的「捨財」應以廣義來看，包括三種布施。這三種布施皆與思心所相應，並以身、口業進行。持戒包括口語和心生兩方面，而受戒則是達致持戒的方法。身邪行包括殺生、偷盜、邪婬；口邪行包括妄語、兩舌、惡口、綺語。智慧能明確了解種種事物，故心能定

著，無所猶疑。三者中以智慧最為殊勝。

18. 外曰。布施者，皆是下智不？

內曰：不然。何以故？施有二種：一者不淨，二者淨。行不淨施是名下智人。

外道問布施者是否皆為下智。

論主簡別布施為二種：不淨、淨行。其中的不淨布施為下智。

〔案：上面提到佛陀教下智人布施，然而，行布施的不一定就是下智人，中智、上智人皆可行布施。〕

19. 外曰：何等名不淨施？

內曰：為報施是不淨，如市易故（修妒路）。報有二種：現報、後報。現報者，名稱敬愛等；後報者，後世富貴等。是名不淨施。所以者何？還欲得故。譬如賈客遠到他方，雖持雜物，多所饒益，然非憐愍眾生，以自求利故，是業不淨。布施求報亦復如是。

外道問何為不淨布施。

論主指出，不淨布施指那些為求福報而行的布施，這種布施就好像在市場上的交易。

婆藪解釋，報有現報和後報兩種。現報是今世獲得的果報，例如行布施後得到人們的敬愛；後報指後世才獲得的果報，例如因為行布施的善業而令後世富貴。為甚麼說這種布施為不淨呢？因為他們行這種布施時，心中是冀望有所得的。這種行為就好比商人從遠

方運送貨物來到此地售賣，他只是為求利潤。〔案：這行為在身業上是善，但在意業上還不是善，因此為不淨。〕

20. 外曰：何等名淨施？

內曰：若人愛敬利益他故，不求今世、後世報，如眾菩薩及諸上人行清淨施，是名淨施。

外道又問何為淨布施。

論主指出，若以利益他者為目的，不求現報、後報，如菩薩等所行，是為淨。〔案：這種布施在身、口、意三方面都是善業，故為淨布施。〕

21. 外曰：持戒皆是中智人不？

內曰：不然。何以故？持戒有二種：一者不淨，二者淨。不淨持戒者名中智人。

外道又問持戒者是否皆為中智人。

論主簡別持戒為二種：不淨與淨。其中不淨持戒者為中智。〔案：前面提到佛陀教中智人持戒，但持戒的不一定都是中智人。雖然下智人可能不懂持戒，但上智人可持戒。〕

22. 外曰：何等不淨持戒？

內曰：持戒求樂報，為婬欲故，如覆相（修妬路）。樂報有二種：一者生天，二者人中富貴。若持戒求天上與天女娛樂，若人中受五欲樂。所以者何？為婬欲故。如覆相者，內欲他色外

詐親善，是名不淨持戒，如阿難語難陀：

　　如羝羊相觸，將前而更卻；

　　汝為欲持戒，其事亦如是。

　　身雖能持戒，心為欲所牽，

　　斯業不清淨，何用是戒為？

外道問何為不淨持戒。

論主指出，不淨持戒類似於不淨布施，都是為求福樂果報。

婆藪解釋，行持戒的樂報有兩種：一者為生天，二者為人中富貴。**〔案：這兩種報都屬於後報，在這裏沒有提及持戒的現報，《百論疏》指出「持戒多現苦後樂，就現在彰報不顯，故就未來說。」（大 42.257a）〕**

論主還在這裏提出了一個持戒求樂報的例子，稱為「覆相」。按《百論疏》所述，「覆相」指佛陀和阿難（Ānanda）渡化難陀（Nanda）的故事。難陀仍在家時，有一次，佛陀和阿難到難陀家乞食，難陀的妻子預備了飯菜，著難陀送給佛陀和阿難，難陀把飯鉢送到佛陀面前，佛陀卻不取，又送給阿難，阿難亦不取。難陀拿著鉢，隨著二人把飯送至祇洹。佛陀著阿難為難陀剃頭，難陀不肯受剃，佛陀於是引領難陀周遊天宮和地獄。難陀為求得到天女美色，於是願意剃頭持戒，期望生天。佛陀囑咐阿難渡化難陀，阿難於是講說引文中的兩首偈頌。偈頌的意思是，二羊以角相牴，當一方試圖用力推前，必遭對方以更猛力還擊，結果反被推後。為求滿足欲望而持戒的人也是一樣，表面上是持戒修行，為求得道，但心中卻被欲望牽纏，反變成退墮。這樣的修行不清淨，持戒又有何用呢？難陀一心為求滿足欲望，外表卻裝作持戒修行，這種行為就是覆相。難陀聽

了阿難說偈後，即迴心為道持戒，證不還果。佛再為他說法，其後
證阿羅漢果。（大 42.257a）論主指出，像難陀當初為求樂報而持戒，
就是不淨持戒。〔案：小乘佛教的修行者所證的果分為四個階段，
分別是：預流果（srota-āpatti-phala，須陀洹果）、一來果（sakṛd-
āgami-phala，斯陀含果）、不還果（anāgāmi-phala，阿那含果）、
阿羅漢果（arhat-phalin）。不還果是第三階位，名稱意思是不再還
生於欲界的階位。阿羅漢果是小乘最高階位，又稱無學果，意思是
無需進一步修學的階位。〕

23. 外曰：何等名淨持戒？

　　內曰：行者作是念：一切善法，戒為根本。持戒之人，則心不
　　悔；不悔則歡喜，歡喜則心樂。心樂得一心，一心則生實智，
　　實智生則得厭，得厭則離欲，離欲得解脫，解脫得涅槃。是名
　　淨持戒。

　　外道又問何為淨持戒。
　　論主指出，淨持戒以修行者的一念開始，此一念確定戒為一切
善法之根本，因此決心持戒，無犯戒則不悔，不悔則歡喜，歡喜則
心樂，既無苦緣，心就能專注一境而生實智，即能如實了知世間諸
法，得悉諸法本空則不貪著，繼而生厭倦，故欲遠離諸法，而得解
脫、得涅槃。此即為淨持戒。〔案：這樣持戒純然為行善法，前面
提到若不止惡，則不能行善，持戒以決心止惡的一念為開始，止惡
屬善法，故持戒本身是善法，亦是一切其他善法的根本。持戒可進
而至「一心」，即是定。由定可如實觀諸法實相，繼而得解脫、涅
槃。《百論疏》說，解脫是有餘涅槃，「涅槃」則指無餘涅槃。（大

42.257b）有餘涅槃（sopadhiśeṣa-nirvāṇa）指眾生仍身處世間而獲致的涅槃境界；無餘涅槃（nirupadhiśesa-nirvāṇa）指不再受生而證得的涅槃境界。〕

24. 外曰：若上智者，欝陀羅伽、阿邏邏等為上（修妬路）。若行
　　智人是名上智，今欝陀羅伽、阿邏邏外道等，應為上智人。
　　內曰：不然。何以故？智亦有二種：一者不淨，二者淨。

　　對於上智，外道認為欝陀羅伽、阿邏邏皆為修行智慧之人，故同應為上智人。
　　論主否定外道的說法，因為智亦有二種，一者不淨，二者淨。〔案：佛陀初出家時，曾跟隨阿邏邏修習無想定，後又隨欝陀羅伽習非想定。外道想，這二人既然是佛陀的老師，理當是上智人，相信論主不敢否定。然而，論主卻斷然否定這二人是上智人，他顯然認為二人的智屬不淨智，故不能稱為上智人。〕

25. 外曰：何等名不淨智？
　　內曰：為世界繫縛，故不淨，如怨來親（修妬路）。世界智能
　　增長生死。所以者何？此智還繫縛故。譬如怨家，初詐親附，
　　久則生害，世界智亦如是。

　　外道問何為不淨智。
　　論主指出，不淨智是為世界繫縛的智，好像怨來親。〔案：世界是生死輪迴的範疇，包括欲界、色界和無色界。欲界（kāma-dhātu）是欲望所支配的世界，即一般凡夫所處的境界。色界（rūpa-dhātu）

是遠離欲望，眾生僅餘肉體存在的世界。無色界（ārūpya-dhātu）是只餘受、想、行、識，而沒有色（物質）的世界。繫縛表示有所執著，執著的對象是果報。倘若以某種智去求取三界中的果報，這就是為世界所繫縛，而這樣的智就是不淨智。論主意指阿邏邏和欝陀羅伽的智為不淨智。據《百論疏》所述，阿邏邏修習無想定，果報是往生無想天，無想天屬色界，故為色界所繫縛。他在無想天定壽五百劫，壽將盡時起邪見，便墮地獄。欝陀羅伽修習非想定，果報是往生非想天，非想天屬無色界，故為無色界所繫縛，報盡後受飛狸身而入地獄。（大 42.257b-c）〕

　　婆藪解釋，世界智能令有情增長生死。〔案：這世界智指能求得世界中福樂果報的智，如前面所述的阿邏邏和欝陀羅伽的智。由於這些福樂果報仍不離三界，求取這些果報即是求取在世界中生死輪迴，故說世界智能增長生死。〕這種智可譬喻為怨來親，意思是初得智時似有所獲益，但後來還是生害，就好比怨家，初詐親附，久則生害。

26.　外曰：但是智能增長生死，施、戒亦爾耶？。
　　　內曰：取福捨惡是行法（修妬路）。福名福報。

　　外道問，此智能增長生死，那麼布施、持戒是否亦同樣增長生死呢？

　　論主指出，「取福捨惡」是這種能增長生死之行法。

　　婆藪解釋，福指福報。〔案：「惡」在這裏未有明言，但按行文應指惡報。這裏指出，凡能求取福報而遠離惡報的都能令人增長生死。這相應於前面所述的不淨行，包括不淨布施，不淨持戒和不

淨智慧。無論是智慧、布施或持戒，其是否能增長生死，關鍵在於是否「取福捨惡」。在這裏，婆藪的注釋只解釋「福名福報」，未有解釋惡指甚麼。「惡」理應指惡報或罪報，這點在隨後的第二段將提到。這裏只說明福，顯示重點在於「取福」。外道認為取福是應當的，論主則指出取福是令人行於生死世間的原因，因此是不淨的。〕

27. 外曰：若福名福報者，何以修妬路中但言福？

內曰：福名因，福報名果。或說因為果，或說果為因。此中說因為果，譬如食千兩金，金不可食，因金得食，故名食金。又如見畫，言是好手，因手得畫，故名好手。取名著，著福報惡先已說。行名將人常行生死中。

外道在這裏質疑「福名福報」的說法是否符合修妬路或文獻的原意，因為修妬路中只說「福」，未有指明福報。[15]

婆藪解釋，福是因，福報是果，在日常說話中經常說因為果，或說果為因，而這裏的修妬路是說因為果，即是表面說因，但實際上是指果。例如一般說食千兩金，金本身不可食，但金可買食物，

---

[15] 外道在這裏質疑的是婆藪的注釋，而不是論主提婆的說法。這顯示出婆藪的注釋很可能是婆藪跟外道的辯論紀錄。這即是說，婆藪正在引述提婆的《百論》（即文中的修妬路）跟外道辯論，而這辯論的紀錄就是現今版本的《百論》的長行部分。因此，這婆藪的注釋並不同於一般注疏的做法，即是手拿著論著的原本去作疏解，而是引用論著的內容進行辯論，辯論中的敵方的說法也被記錄下來，而這些內容是論著原本所沒有的。

故金是因，食物是果，所食的實際上不是作為因的金，而是作為果
的食物。又例如見到一幅畫，說為好手，這幅畫當然不是手，但畫
是由手所造，手是因，畫是果，所說的因實際上指果，因此好手即
是好畫。論主又解釋「取」即是著，取福即是執著福報。「著福報
惡」指上文所說怨來親的例子，阿邏邏與欝陀羅伽都是執著於福報，
而結果招來惡報。「行法」中的「行」表示令人行於生死世間之中。

28.　外曰：何等是不行法？

　　內曰：俱捨（修妒路）。俱名福報、罪報。捨名心不著。心不
　　著福，不復往來五道，是名不行法。

　　既然取福捨惡是行法，會令人常行於生死之中，因此外道再問
甚麼是不行法。

　　論主的回應是「俱捨」。

　　婆藪解釋，「俱」指福報和罪報，「捨」表示心不著，即是不
執著於福報和罪報。捨罪，即是心不執著於罪報，這是論主和外道
雙方共同認許的，因此無須進一步強調。但捨福則是論主提出，而
外道未能認許的做法，因此論主特別要強調「心不著福，不復往來
五道」，五道即是輪迴世間或生死世間。捨福能令人不再行於生死
世間，故稱為不行法。〔案：為甚麼心不執著於福報就不再行於生
死世間呢？論主在這裏未有解釋。若從中觀學的立場說，如果我們
以福報為實在，就會對之加以執著，不願捨離，這樣就不能離開由
它所帶來的果報，而這果報就是投身於輪迴之中，因此繼續行於生
死世間。倘若覺悟福報為空無自性，就不會加以執著，願意捨離，
就不再投身於輪迴，因此不行於生死世間。〕

29. 外曰：福不應捨，以果報妙故，亦不說因緣故（修妬路）。諸
　　福果報妙，一切眾生常求妙果，云何可捨？又如佛言：諸比丘，
　　於福莫畏。汝今又不說因緣，是故不應捨福。

　　內曰：福滅時苦（修妬路）。福名福報，滅名失壞。福報滅時，
　　離所樂事，生大憂苦，如佛說：樂受生時樂，住時樂，滅時苦。
　　是故應捨福。又如佛言於福莫畏者，助道應行故。如佛說：福
　　尚應捨，何況罪？

　　外道認為不應捨福，因為果報妙樂，而論主又沒有提出捨福的
原因。

　　婆藪解釋，福的果報妙樂，是一切眾生所追求的。他又引述佛
對諸比丘所說，叫他們無需畏懼福報。他又指論主沒有解釋捨福的
原因。因此，他認為不應捨福。

　　論主指出，福滅時會生起苦惱。

　　婆藪解釋，福報滅時，眾生離開所樂之事，會生起憂苦，故應
捨福。佛說無需畏懼福報，是由於福報能誘導眾生行善，這有助於
修行，但沒有說不應捨福。而且，佛亦有言，福尚且應捨棄，何況
罪呢？

30. 外曰：罪福相違故，汝言福滅時苦者，罪生、住時應樂。

　　內曰：罪住時苦（修妬路）。罪名罪報。罪報生時苦，何況住
　　時？如佛說：苦受生時苦，住時苦，滅時樂。汝言罪福相違故，
　　罪生時應樂者，今當答汝：何不言福罪相違故，罪滅時樂，生、
　　住時苦？

　　外道指出，由於罪報跟福報相違，論主說福滅時苦，則罪生、住時應樂。他的意思是要否定論主所言「福滅時苦」的說法。

　　論主反駁，指罪生、住時應是苦。

　　婆藪解釋，論主要糾正外道的錯誤推論。倘若以罪福相違為大前提，現福滅時苦，故應說罪滅時樂，生、住時苦。

　　外道的推論如下：

　　設 P 為福報；Q 為樂

　　　　大前提：福罪相違
　　　　小前提：福滅時苦 $(\sim P \supset \sim Q)$
　　　　結　論：罪生、住時樂 $(\sim P \supset Q)$

這推論顯然不合理。

論主的推論：

　　　　大前提：福罪相違
　　　　小前提：福生、住時樂 $(P \supset Q)$
　　　　結　論：罪滅時樂 $[\sim(\sim P) \supset Q]$

　　　　小前提：福滅時苦 $(\sim P \supset \sim Q)$
　　　　結　論：罪生、住時苦 $(\sim P \supset \sim Q)$

31. 外曰：常福無捨因緣，故不應捨（修妬路）。汝說捨福，因緣滅時苦；今常福報中，無滅苦，故不應捨。如經說：能作馬祀，是人度衰老死，福報常，生處常，是福不應捨。

　　內曰：福應捨，二相故（修妬路）。是福有二相：能與樂，能

與苦。如雜毒飯，食時美，欲消時苦。福亦如是。復次，有福
報是樂因，多受則苦因。譬如近火，止寒則樂，轉近燒身則苦。
是故福二相，二相故無常，是以應捨。又汝言馬祀福報常者，
但有言說，無因緣故（修妬路）。馬祀福報實無常。何以故？
馬祀業因緣有量故，世間因若有量，果亦有量，如泥團小，瓶
亦小。是故馬祀業有量，故無常。復次，聞汝天有瞋恚，共鬬
相惱，故不應常。又汝馬祀等業，從因緣生，故皆無常。復次，
有漏淨福無常，故尚應捨，何況雜罪福（修妬路）？如馬祀業
中，有殺等罪故。復次，如《僧佉經》言：祀法不淨、無常，
勝負相故，是以應捨。

針對福滅時苦的說法，外道提出常福。倘若福報是常，常則無
滅，故無福滅之苦，因此，不應捨福。

婆藪解釋，外道認為，倘若由於福滅時苦因而要捨福，如今常
福沒有滅之苦，故不應捨。他又引述經說，人若作馬祀，此人老死
之後，福報常，生處亦常，因此，他認為這樣的福不應捨。

論主回應，指福應捨，因為福有二相。

婆藪解釋，福報有二種性格，一是能令人樂，另一是能令人苦，
好像攪雜了毒藥的飯，食時樂，飯在肚中消化時苦。再者，有福報
是樂因，但太多時則成為苦因。譬如近火，令人溫暖止寒，故為樂
因；但若太近火，燒傷身體則成為苦因。由於福具有這二種性格，
故為無常，因此應捨。

此外，外道說馬祀的福報是常，論主認為這種說法沒有依據。

婆藪解釋，馬祀的福報是無常，因為馬祀的業因緣有限量，世
間相信因若有限量，果亦有限量，例如泥團小，瓶亦小。由於馬祀

的業因緣有限量,故其果亦有限量,有限量故無常。即使是生天的福報,由於天亦有瞋恚,有瞋恚即是有變異,故亦無常。

再者,論主指出,有漏界中,即使是清淨的福報,亦是無常,故應捨,更何況馬祀業中有殺生等罪。

婆藪引婆羅門教的《僧佉經》(即《數論經》)說「祀法不淨、無常,勝負相故,是以應捨。」意思是說,馬祀法中有福亦有罪,因此是不淨和無常,故應捨棄。〔案:這裏所說的馬祀,是婆羅門教的一種祭祀儀式,按《百論疏》所述,行這種祭祀,要找一匹白馬,先將馬放到野外一百日,或有說三年,然後追尋馬的足跡,將馬找回。行祭祀時,以布帛、黃金作布施,再將馬殺掉,在殺馬時,口中唱誦「婆藪殺汝」,婆藪(Vasu)意思是天。馬這樣地因祭祀而被殺,將會生天,而行祭祀的人亦會得到生天的福報。〕(大42.258b)

32. 外曰:若捨,福不應作(修妬路)。若福必捨,本不應作。何有智人空為苦事,譬如陶家作器還破?

內曰:生道次第法,如垢衣浣染(修妬路)。如垢衣,先浣,後淨,乃染,浣、淨不虛也。所以者何?染法次第故,以垢衣不受染故。如是先除罪垢,次以福德熏心,然後受涅槃道染。

外道又反駁,倘若最終要捨福,則起初就不應作福,豈有理由明知將捨福仍要艱苦作福呢?

論主解釋,這是修行所必須經歷的階段,如浣染垢衣。

婆藪解釋,如染衣必須先漂洗、淨乾然後才染色。漂洗和淨乾的步驟都不是無用的,因為帶有污垢的衣服不能著色受染。同樣地,

修行需先除罪垢，再熏習福德，最後才能受涅槃之道。最初為著誘
導眾生除去罪垢，需要依靠福報，讓眾生有所期盼，這樣就能止息
惡行。因此，作善求福是最初修行時需經過的階段。

33.　外曰：捨福依何等（修姤路）？依福捨惡，依何捨福？

　　內曰：無相最上（修姤路）。取福人天中生，取罪三惡道生，
　　是故無相智慧最第一。無相名一切相不憶念，離一切受，過去、
　　未來、現在法，心無所著。一切法自性無故，則無所依。是名
　　無相。以是方便，故能捨福。何以故？除三種解脫門，第一利
　　不可得，如佛語諸比丘：若有人言我不用空、無相、無作，欲
　　得若知、若見，無增上慢者，是人空言無實。

　　外道再問，「依福捨惡」，即為得著福故能捨惡，然而，依甚
麼而能捨福呢？
　　論主指出無相最為殊勝。
　　婆藪解釋，取得福報則能生於人、天界，取得罪報則生於三惡
道，這都未離開界內輪迴，因此，無相智慧才是最為殊勝。他再解
釋「無相」是不憶念一切相，離開一切受，心不滯著於過去、現在、
未來一切事物，一切事物皆無自性，故無所依，此名無相。〔案：
論主在這裏糾正外道一種錯誤的想法，以為罪、福等為實在的東
西，因此若要捨罪，就需取得另一種實在的東西——福，才能捨罪，
基於這種想法，他才會問「依何捨福」。論主指出，能捨福是依於
無相，但他特別強調，無相並不是另一種比福更有價值的實在的東
西，因而能夠代替福。他指出，一切事物皆無自性，故無任何實在
的東西作為所依，而「無相」只是一種方便說法。所謂方便，指能

助眾生修行以達致解脫的法門。外道執著於必需有所依，才能捨罪捨福。即是必需要取得更高價值的東西，才願意捨棄現有的事物。論主為誘導外道捨福，故擬設一事作為捨福的所依。為甚麼擬設無相為捨福的所依呢？由於相是認識中的對象的特徵，因此，任何有相的東西都必落入相對的認識範疇，即是世間的範疇。因此，無論以任何有相的東西為所依，都仍是追求著世間的福樂果報，結果只會增加生死。而捨福乃為著超越生死世間，達致解脫，故論主擬設無相。無相意味著超越生死世間。以無相為依，表示不以任何世間有相的東西為追求對象。論主這種取向正切合龍樹空的思想。而婆藪在此指出無相只是一種方便，表示無相本身亦非一種可以作為所依的實在的東西，即是說，無相亦是空，故有空亦復空的意味。〕

　　為何以無相為依？婆藪解釋，除了透過三種解脫門，無其他方法可得第一利，即第一義諦之成果。三種解脫門即空、無相、無作。若有人說可以不用此三解脫門，能得真實的知、見，而無增上慢，此人所說的只是空談。〔案：空門觀一切法無自性；無相門觀一切法無差別相；無作門又稱無願門，對一切法無願無求，無求則無作，內心自在。當一個人實際所得並非那麼高，但自以為所得的很高，由這種增益而產生的驕慢即是增上慢。〕

第二節　破神品

　　論主提婆在〈捨罪福品〉中提出堪稱為世尊的三項條件，包括知諸法實相、明了無礙、能說深淨法。其中第三項「能說深淨法」涉及渡化眾生的功德，這是大乘佛教最獨特之處，而龍樹、提婆都是宣揚大乘佛教的先驅者，故對這點亦格外重視。論主批評外道，

指他們的義理皆是邪說,而只有釋迦佛能說深淨法,因此獨稱為世尊。論主既然對外道作出如此嚴厲的批評,就必須詳加解說,逐一指出外道所說的錯誤之處。

另外,論主把佛法概括為惡止、善行法,並指出必須先知惡,然後才能止惡,再而修習善法。論主在隨後的九品所要做的,正是讓外道知惡,即是要令他們明白其義理的癥結所在,然後才能放下邪見,再修習佛道。而外道義理的癥結主要在執著我、法,即是以為有實在的自我和實在的外界事物。其中的我執比法執較易除去,正如小乘佛教亦能去除我執,但未能去除法執,因此先從我執著手。當時外道之中,以數論和勝論的影響力較大,二者皆以神我(puruṣa)作為有情生命中實在的自我,因此先破除以神我為實在的觀念,這即是本品的主題,故稱為〈破神品〉。然而,數論和勝論的神我觀念亦不盡相同,因此在本品中亦分別作出詳細分析和予以否定。

外道的理論體系相當嚴密,當中的概念互相緊扣,例如我與法之間有著理論上的連繫,當實我被論主否定,外道即可以法的存在來支持實我的存在。更進一步,法當中的無常法與常法亦相連,無常法被破後又可以常法的實在性來支持。因此,外道的理論不是可簡單地個別逐一處理,而是要循著其脈絡,逐步深入探討。從本品破神我開始,接著透過探討事物的關係,以及無常法和常法的存在性,以否定外道的實在論觀點。最後,外道甚至將其根本的實在論觀念套用於論主的宗,即「一切法空」當中的空的觀念,論主因此要指出此空亦是空。這樣的舖排一方面是從淺至深,另一方面亦是循著外道理論的脈絡前進。

1.　外曰:不應言一切法空、無相,神等諸法有故(修妬路)。迦

毘羅、優樓迦等言：神及諸法有。迦毘羅言：從冥初生覺，從覺生我心，從我心生五微塵。從五微塵生五大，從五大生十一根。神為主，常，覺相處中常住，不壞不敗，攝受諸法。能知此二十五諦，即得解脫。不知此者，不離生死。優樓迦言：實有神，常，以出入息、視眴、壽命等相故，則知有神。復次，以欲、恚、苦、樂、智慧等所依處故，則知有神。是故神是實有，云何言無？若有而言無，則為惡邪人。惡邪人無解脫。是故不應言一切法空、無相。

內曰：若有神而言無，是為惡邪。若無而言無，此有何過？諦觀察之，實無有神。

　　外道指出，不應說一切法都是空，沒有實在的相狀，因為神（又稱神我）等種種事物是真實地存在的。

　　婆藪解釋，數論的迦毘羅，勝論的優樓迦等都說神我及種種事物是實在的。其中迦毘羅說「從冥初生覺」，「冥」指現象世間之先或以外，就數論而言，當指神我和自性各自在寂靜的狀態中。「覺」是由神我結合自性而生的，是現象世間的始點，又稱為大、大有等。「從覺生我心」的我心又稱我慢，這是由覺分化而成的，具有自我意識的個別生命。「從我心生五微塵」，這五微塵即色、聲、香、味、觸五唯，是世間事物的最基本單位。五唯生五大，五大生十一根（詳細可參考〈捨罪福品〉的第 3 段）。神我具有意志，主宰著一切事物，常住不變。神我不可見，但覺是現象世間，是可見的，我們見到覺就可知神我存在，故說神我以覺為相。〔案：神我雖然眾多，但在最初時以整體的姿態、具有整體的意識與自性結合而成為覺。因此，以覺為相的是整體的神我。其後才分化，各自產生自

我意識，即成我慢。〕個別的神我依處於個別生命的肉體，即十一根當中，不會壞滅。它主宰個別的生命體，而受用一切事物。迦毘羅指出，若能了解此二十五諦，即得到解脫。〔案：在數論的宇宙論中，神我處於主宰的位置，是整套理論的核心概念。在本章中，論主即針對著這核心概念，試圖指出這個概念在整個數論的理論中不能成立，從而否定數論的宇宙論。〕

此外，勝論的優樓迦以六句義概括宇宙萬物。他指出，在實句義中有神我，它常住不變。我們可以從生命體的呼吸、眼睛的動轉和壽命等表現得知神我的存在。此外，個別生命體的欲、恚（瞋）、苦、樂、智慧（覺）等德性都必定有所依處，這所依處就是神我。因此，神我是實有。〔案：勝論亦以神我作為個體生命的主宰，並指神我為實在和常住。〕

外道指論主將實有的東西說為無，故為惡邪人，不能得解脫。因此，他強調不應說一切事物空、無相。〔案：把事物視為實有，特別是靈魂實體的存在的說法，是婆羅門教與佛教最重要的分歧所在。佛教說空（śūnyatā），就是針對著這種實在論而說，空包括我空和法空。本篇〈破神品〉就是破斥靈魂實有，建立我空思想的重要篇章。〕

論主回應說，倘若是有神而說無神，當然是邪惡，但是，無神而說無神，那有甚麼過失呢？若細心地觀察，就知確實沒有神。〔案：論主及外道雙方在這裏確立了各自的立場，外道認為有神我，而論主則確定無神我，雙方就此展開辯論。這裏須注意，數論與勝論的神我觀念有些不同之處。數論的神我是純精神性的主體，最初時，眾多神我結合成一整體，有整體意識，與自性結合而成為覺。在覺的階段仍是整體的神我，與覺為一體，而且是遍在。其後

才分化，個別的神我產生自我意識而成我慢。然後，個別神我各佔據一個有情的形體（十一根）而成為個別有情的靈魂、主宰。勝論的神我亦是眾多的，各自為一個實體，亦就是一個有情的靈魂、主宰。而覺則是神我的德，即屬性。因此，勝論認為神我與覺為別異的。〕

2. 外曰：實有神。如《僧佉經》中說：覺相是神。

　　內曰：神、覺為一耶？為異耶？

　　外道引述《僧佉經》（即《數論經》）的說法來證明神我存在。「覺相是神」意思是神我以覺的相狀來展示自己。〔案：按照數論的理論，神我是精神性的存在，沒有形體，因此，人不能直接見到神我。但神我結合了自性而成為覺，這覺就是現象世間，因此是可被知的。而由於神我具有意志，因此覺亦是能知的。我們見到覺，就知有神我。另外，這裏出現的外道相信是數論師，而在後文中亦出現其他宗派，例如勝論師，因為論主正面對多於一個教派的論者。〕

　　論主提出質詢，神與覺是一抑是異？

3. 外曰：神、覺一也。

　　內曰：覺若神相，神無常（修妒路）。若覺是神相者，覺無常故，神應無常。譬如熱是火相，熱無常故，火亦無常。今覺實無常，所以者何？相各異故，屬因緣故，本無今有故，已有還無故。

數論師回答，神與覺是同一的。

論主指出，覺如果是神的相，由於覺無常，故神亦應是無常。

婆藪舉例說明，熱是火的相，由於熱無常，故火亦為無常。為甚麼說覺為無常呢？按照數論所說，世間都是由覺變成，故世間的相即是覺相。現見世間有種種不同的相，這些覺相是基於種種因緣而起的，由因緣而起，所以是無常。此外，這覺相原本是無的，現在是有，將來亦會變為無，因此是無常。〔案：外道說神與覺同一，既是同一，則應同是常，或同是無常。現見覺相無常，因此神亦應是無常。此外，世間是由神我和自性結合演變而成的，在結合之前原本是無的。而現時是有的世間將來亦會回歸到原本的寂靜狀態，稱為 pralaya（漢譯為壞滅，意思是世界的終結），所以還會歸於無有，因此是無常的。[16]但外道的經典以神為常，因此，論主在這裏可得出結論，外道以神與覺為同一的說法與外道自宗的理論相矛盾。〕

4.　外曰：不生故常（修妬路）。生相法無常，神非生相，故常。

　　內曰：若爾，覺非神相（修妬路）。覺是無常，汝說神常，神應與覺異；若神、覺不異者，覺無常故，神亦應無常。復次，若覺是神相，無有是處。所以者何？覺行一處故（修妬路）。若覺是神相者，汝法中神遍一切處，覺亦應一時遍行五道。而覺行一處，不能周遍，是故覺非神相。復次，若爾，神與覺等（修妬路）。汝以覺為神相者，神應與覺等，神則不遍。譬如火，無熱、不熱相，神亦如是，不應有遍、不遍相。復次，若

16　*A History of Indian Philosophy*, Vol.I, p.247.

以為遍，則有覺、不覺相（修妬路）。汝欲令神遍，神則二相：覺、不覺相。何以故？覺不遍故。神若墮覺處，是則覺；若墮不覺處，是則不覺。

數論師堅持神為常的說法。他指出，神不是生起的，所以是常。

婆藪解釋，具有生相的事物是無常，而神不具有生相，因此是常。

論主回應說，倘若如外道所說，神是常，那麼，覺就不是神相。

婆藪解釋，由於覺是無常，而外道說神是常，因此，神應與覺為異。如果說神與覺不異，既然覺是無常，神亦應是無常。

論主再指出，覺不應是神相，因為覺只行於一處，存在於一處。

婆藪解釋，外道理論認為神遍在於任何地方，如果覺是神的相，覺亦應同時遍在於五道。然而，覺只能存在於五道中的一處，不能遍滿於五道，即是地獄、餓鬼、畜牲、人和天，因此，覺不是神的相。

論主再說，如果覺是神相，神應與覺等。

婆藪解釋，現見覺不遍滿於一切處，故神亦不遍滿於一切處。譬如火必定為熱相，不能有熱和不熱兩種相，神亦應同樣，不能有遍和不遍兩種相。

論主再指出，如果堅持要說神遍一切處，則神有覺和不覺兩種相。

婆藪解釋，覺不遍在於一切處，即是在某些地方沒有覺，而神遍於一切處，那末，在有覺之處的神就有覺相，在沒有覺之處的神則為不覺，因此有二相。〔案：總的來說，論主在這段文字只用了**覺無常**，和**覺不遍一切處**這兩點去否定外道所說的神與覺同一的說

法。至於論主根據甚麼而說覺不遍於一切處，這點在下文會提及。〕

5. 外曰：力遍故無過（修妒路）。有處，覺雖無用，此中亦有覺力，是故無無覺過。

內曰：不然。力、有力不異故（修妒路）。若有覺力處，是中覺應有用，而無用，是故汝語非也。若如是說，覺無用處亦有覺力者，但有是語。

數論師指出，覺力之體遍於一切處，因此沒有過失。

婆藪解釋，在某些地方雖然沒有覺的作用，但仍有覺力之體，因此沒有無覺的過失。〔案：外道認為世間某些地方好像沒有覺，這是由於覺在這些地方未有生起作用，它只是潛伏著，覺力之體是存在的，因為它的體是常而且遍在於一切處。神與覺都同樣是常，亦遍於一切處，因此說神與覺同一並沒有過失。〕

論主否認這種說法。「力」指覺的作用；「有力」即具有作用的，指覺力的體。他指出，體與用不異。

婆藪解釋，有覺體之處應有覺用，無覺用之處應沒有覺體。他指外道所說沒有覺用之處仍有覺體是錯誤的。

6. 外曰：因緣合故，覺力有用（修妒路）。神雖有覺力，要待因緣合故，乃能有用。

內曰：墮生相故（修妒路）。若因緣合時覺有用者，是覺屬因緣故，則墮生相。若覺、神不異，神亦是生相。

數論師表示，覺之體雖然已存在，但要待因緣和合才能有用。

〔案：外道仍堅持覺之體遍一切處，但作用則依待因緣才能生起，現見的世間是作用生起時的覺，而覺之自體雖然遍一切處，但未起作用時是不能見到的。外道認為，這樣只能說覺的作用無常，亦非遍一切處，但覺的體是常而遍的。〕

論主指出，若按數論師所說，覺則墮於生相。

婆藪解釋，若說覺在因緣和合時才生起作用，則這覺屬於因緣，具有生相。倘若覺與神不異，則神亦具生相。〔案：具有生相即是緣起法（pratītyasamutpāda），那就不是常。論主在這裏的立場仍然是體與用不異，即是說，如果作用需依待因緣而生起，其體亦應同樣是因緣生起的，那就必定是無常。〕

7.　外曰：如燈（修妬路）。譬如燈能照物，不能作物。因緣亦如是，能令覺有用，不能生覺。

　　　內曰：不然。燈雖不照瓶等，而瓶等可得，亦可持用。若因緣不合時，覺不可得，神亦不能覺苦樂，是故汝喻非也。

數論師舉燈來譬喻因緣。

婆藪解釋，數論師認為，燈能照物，不能作物。因緣亦同樣地只能令覺生起用，但不能生起覺的自體（svabhāva）。〔案：外道認為，因緣的作用就如燈一般，能令事物呈現，但不是生起事物的自體。外道仍堅持覺的自體恆常存在，但作用卻不一定恆常地生起。某些時候，自體存在，但沒有作用，因此不能呈現出來，需待因緣才令作用生起，讓事物呈現出來。〕

論主舉瓶為例，即使燈不照瓶，瓶仍可捉摸，仍可使用，可是，如果因緣不合，覺就不可得，神亦不能覺苦樂。因此，論主認為外

道的譬喻不適用。〔案：在外道的譬喻中，因緣和合是覺呈現的必需條件，正如燈照是某些事物呈現的必需條件，而因緣只令覺呈現，卻不生覺，正如燈照只令某事物呈現，但不生起該事物。但論主進行反駁的喻例卻未有對應外道的譬喻，因為燈照並不是瓶體呈現的必需條件，即使燈不照，瓶體仍是可觸，這已是一種呈現。如果外道舉出一種具體的事物必需以燈照才能呈現的，論主這樣的反駁就會無效。〕

8.　外曰：如色（修妬路）。譬如色，雖先有，燈不照則不了。如是覺雖先有，因緣未合故亦不了。

　　內曰：不然。自相不了故（修妬路）。若未有照，人雖不了，色相自了。汝覺相自不了，是故汝喻非也。復次，以無相故。色相不以人知故為色相，是故若不見時常有色。汝知是神相，不應以無知處為知。無知處為知，是事不然。汝法中知、覺一義。

　　數論師舉顏色作譬喻。

　　婆藪解釋，某顏色早已存在，但必需燈照才能呈現。同樣地，覺雖然先已存在，仍必需因緣和合才呈現。現時因緣未合，因此不能了知。

　　論主否定外道的說法，他指數論師自己亦未有了知覺的相。

　　婆藪提出兩點作解釋，第一，外道指出「色雖先有」，這表示外道自己曾經見到該顏色，早知色之存在，由於現時未有燈照，故其他人未能見到該顏色。這樣，顏色在照時見，不照時不見，外道仍然可說色已存在。外道說覺在因緣和合時可了知，在因緣未和合

時不能了知，正如顏色在照時見，不照時不見。但論主指出，覺與顏色的情況不同，顏色由於早已了知，故可說顏色已存在，但在某些未為人知的地方不能說覺已存在。故此，外道以顏色作譬喻以論證覺之存在，這個論證是無效的。第二，顏色以青、黃等作為相狀，即使暫時看不見這相狀，亦知相狀存在，故仍可說顏色存在。但神以了知為相狀，即是要為人所知才能說神存在，未為人知的地方，便不能說神是存在的。婆藪補充說，在數論本身的理論中，知與覺是同一的。〔案：這裏顯出論主堅持一個原則，就是任何事物必須具有相狀才能說該事物存在。顏色雖然暫時由於沒有燈照，其青、黃等相狀暫時未讓人見到，但相狀仍是有的，故可說在無燈照時仍然存在。但在某些未了知之處，就即是沒有神的相狀，沒有相狀就不能說是存在。外道在這裏顯然是針對著論主在前段的反駁，論主在前段舉瓶為例，說瓶雖然在沒有燈照的情況下不能見，但仍能觸，仍有作用，即是有相狀，因此可說是存在。外道在這段就舉顏色為例，顏色不能觸，亦無聲、無嗅、無味，必需以燈照才能呈現。這樣，論主以燈為喻的說法不能再有效應對，於是改從覺的特性方面說。論主指出，在外道的經典中，覺與知是同一，論主就利用對方的經典去反駁對方現在的說法。論主仍然堅持一點，就是無相狀就不能說是存在。沒有被了知之處就不能說覺存在。〕

9. 外曰：優樓迦弟子誦《衛世師經》，言知與神異。是故神不墮無常中，亦不無知。何以故？神、知合故，如有牛（修妬路）。譬如人與牛合，故人名有牛。如是神、情、意、塵合故，神有知生；以神合知故，神名有知。

　　內曰：牛相牛中住，非有牛中（修妬路）。牛相牛中住，不在

有牛中，是故雖人、牛合，有牛不作牛，但牛為牛。如是雖神、
知合，知相知中住，神不為知。汝言神、情、意、塵合故知生，
是知知色塵等。是故但知能知，非神知。譬如火能燒，非有火
人燒。

勝論師提出《衛世師經》（即《勝論經》）說，知與神異，因
此神不墮於無常之中，亦不是無知，因為神與知結合。他舉喻說，
人與牛合，故人稱為有牛。〔案：這裏說的「合」，是勝論六句義
中德句的一種，指讓實體走在一起的一種性格。人與牛合，表示人
與牛走在一起，例如有人牽著一條牛。〕

婆藪解釋，勝論認為，人與牛合，人稱為有牛，同樣地，神、
情（指有情所具有的認識機能，又稱為根，例如眼根、耳根等）、
意、塵結合，神有知生，神與知結合，故神稱為有知。〔案：前文
是數論師依據《數論經》的義理說神與覺為一。這段開始則是勝論
師根據《勝論經》而說神與知是別異。由於知並非常，而勝論所說
的神是常，因此必定與知別異，但又不能說神是無知，因此，勝論
師在這裏嘗試舉喻說明神有知。〕

論主指出，牛的特性只屬於牛，不屬於有牛的人。

婆藪解釋，人即使與牛結合而稱為有牛的人，但仍不具備牛的
特性。同樣地，神即使與知結合，但知的特性，即了知的能力仍然
只屬於知，神不具有了知的能力。此外，勝論師說神、情、意、塵
結合而知生。然而，婆藪指出，只有知具有知的能力，神卻不具有
這能力。這情況好比火能燒，即是火具有燒的能力，並非擁有火的
人具有燒的能力。〔案：外道以人與牛結合，人因而可稱為有牛，
喻示神與知結合，神因此可稱為有知。論主則詳細分析，即使人可

稱為有牛，但並不具有牛的特性，因為牛相只存在於牛中，不存在於有牛的人中；同樣地，縱使神可稱為有知，但並不具有知的特性，因為知相只在知中，不在有知的神中。所謂知相，即是了知的能力，這種能力只屬於知，因此神不具有了知的能力。〕

10. 外曰：能用法故（修妬路）。人雖有見相，用燈則見，離燈則不見。神雖有能知，用知則知，離知則不知。

　　內曰：不然。知即能知故（修妬路）。以情、意、塵合故知生，是知能知色等諸塵，是故知即能知，非是所用。若知即能知，神復何用？燈喻非也。何以故？燈不知色等故（修妬路）。燈雖先有，不能知色等，非知法故。是故但知能知色，若不能知，不名為知。是故縱有能知，彼能何用？

　　勝論師指出「能用法故」，意思是神能夠運用事物作工具。

　　婆藪解釋，勝論師認為人雖然有見的能力，但是只在用燈照時才能見，不用燈照時則不見。同樣地，神雖然有了知的能力，但是只在運用知時能了知事物，不運用知時則不能了知。〔案：外道再嘗試證明神具有了知的能力，他指出知只是工具，用以幫助神了知事物，正如燈只是工具，能夠看見事物的是人，人運用燈這工具時就能看見事物，不運用燈時就不能看見事物，但見的能力屬於人而不屬於燈。同樣地，能了知事物的是神，神運用知時能了知事物，不運用知時則不能了知，但了知的能力是屬於神，而不屬於知。〕

　　論主否定外道的說法，他說「知即能知」，意思是知本身就是具有了知能力的主體。

　　婆藪解釋，情、意、塵結合而生知，這知能夠了知事物，因此，

知即是能知事物的主體，而不是被運用來了知事物的工具。既然知本身已經是了知事物的主體，神還有甚麼作用呢？

論主又指外道所舉燈的喻例並不恰當，因為燈不具有了知事物的能力。

婆藪解釋，燈不能了知事物，但知卻具有這種能力，否則就不能稱為知。因此，縱使如外道所說，神具有了知的能力，可是神仍需依靠知才能了知事物，它的所謂能知還有甚麼作用呢？〔案：論主在這裏要指出的是，在整個認識的過程中，神沒有發揮任何作用，既然沒有作用，就不能說有神，亦無需要建立神這個觀念。在認識的過程中，知本身已是認識的主體，具有認識的能力，認識事物的是知，不是神。但喻例中的燈卻不同，燈本身不是見的主體，亦沒有見的能力。燈只能作為工具讓人使用。能見物的是人，不是燈。因此，外道以人運用燈而見物，喻示神運用知去了知事物，從而說神具有認識的能力，這個喻例是無效的。〕

11. 外曰：馬身合故，神為馬（修妬路）。譬如神與馬身合故，神名為馬。神雖異身，亦名神為馬。如是神、知合故，神名為知。

　　內曰：不然。身中神非馬（修妬路）。馬身即馬也。汝謂身與神異，則神與馬異，云何以神為馬？是故此喻非也。以神喻神，則墮負處。

勝論師再舉喻嘗試證明神是知。他說神與馬身結合，神因此稱為馬。雖然神與馬相異，但由於結合，神亦稱為馬。同樣地，神與知結合，因此神稱為知。〔案：外道在這裏必須表明神與馬身相異，因為馬身會滅去，但他們認為神不會滅去。他指出，即使神與馬身

相異，但在二者結合的情況下，神亦稱為馬。同樣地，神與知雖然相異，但二者結合時，神亦稱為知。〕

論主指出，馬身中的神並不就是馬。

婆藪解釋，外道自言神與身相異，即是說神與馬相異，既然是相異，怎能說神是馬呢？此外，以神作喻例去論證神，在辯論的規則中是不容許的，因此墮於負處。〔案：辯論的規則是屬於因明學中比量的部分，印度各宗派之間的辯論都會依照一套普遍認同的規則，其中一點是當以喻例作佐證時，喻例本身必需是雙方共同認許的。例如一方要論證「山中有火」（此稱為「宗」），理由是「現見山中有煙」（此稱為「因」），為甚麼見有煙就說有火呢？這要依靠喻例「如灶」。由於見灶有煙就可知灶中有火，因此，見山中有煙就可知山中有火。對於這個喻例，辯論雙方都是認許的，即是雙方都承認當見到灶中有煙就可推知灶中有火，這個喻例就可作為佐證以推知山中有火。倘若對方不承認當見到灶中有煙就可推知灶中有火這一點，論者就不能以這喻例作佐證去進行推論，必須另舉一個雙方共許的喻例。而外道在這裏所舉的喻例「神與馬合，神名為馬」，與他希望論證的宗「神與知合，神名為知」，當中所說的「神」都是指著同一東西，而這個「神」並不是雙方共許的（只有外道認許，論主卻不承認神的存在），以一個不共許的喻例作佐證進行推論，這是規則所不容許的，因此墮於負處。即是說，這種推論是無效的。〕

12. 外曰：如黑疊（修妒路）。譬如黑疊，黑雖異疊，疊與黑合故，名為黑疊。如是知雖異神，神與知合故，神名為知。

內曰：若爾，無神（修妒路）。若神與知合故，神名為知，神

應非神。何以故？我先說知即是能知，若知不名神，神亦不名
能知。若他合故，以他為名者，知與神合，何不名知為神？又
如先說黑疊喻者，自違汝經。汝經，黑是求那，疊是陀羅驃；
陀羅驃不作求那，求那不作陀羅驃。

勝論師再舉黑疊為喻。

婆藪解釋，勝論師認為黑與疊雖然相異，但二者結合則稱為黑
疊。同樣地，知與神雖然相異，但神與知結合故神名為知。〔案：
外道在前段舉神與馬合，故神稱為馬作為喻例，論證神與知合，故
神稱為知。這個喻例被論主指為以神喻神，故墮於負處。外道於是
舉出一個雙方共許的喻例，即是黑與疊結合而稱為黑疊。這喻例中
的黑與疊都是明確可見的，二者結合稱為黑疊是雙方都認許的。〕

論主指出，若按照外道這種說法，則無神。

婆藪解釋，按照外道所說，神與知合故神名為知，倘若是這樣，
則神應非神。他再解釋，先前已說過知即是能知，如果知不稱為神，
則神亦不應稱為能知。若按照外道所說，事物與他者結合，就以他
者為名，那麼，知與神結合，為甚麼知不稱為神呢？此外，論主又
指外道所舉黑疊的喻例違反了外道自己的經義。在《勝論經》中所
說的六句義，其中的實句與德句是不同的存在事物。喻例中的黑是
求那（guṇa），即是德（屬性），疊是陀羅驃（dravya），即是實
（實體）。實體不是屬性，屬性也不是實體。〔案：外道一直強調，
神與知合，則神名為知。論主就抓著外道這個原則，即任何事物與
他者結合，即以他者為名。若按照這個原則，則可反過來說知與神
合，知名為神。倘若知名為神，而知是生滅無常，這樣，就失去了
外道原本所說的恆常的神，故說「神應非神」。倘若知不名為神，

以同樣原則，神亦不名為知。而論主先前已說明知即是能知，因此，神亦不名為能知。〕

13. 外曰：如有杖（修妬路）。譬如人與杖合故，人名有杖，不但名杖。杖雖與人合，杖不名有人，亦不名人。如是神與知合故，神名能知，不但名知。亦非是知與神合故，知名為神。

內曰：不然。有杖非杖（修妬路）。雖杖與有杖合，有杖不為杖。如是知相知中，非神中，是故神非能知。

　　勝論師再舉人與杖合為喻。

　　婆藪解釋，勝論師說當人與杖結合，人稱為有杖，而不是稱為杖。可是，若反過來說，即使杖與人結合，杖卻不稱為有人，當然亦不稱為人。同樣地，神與知結合，則神稱為能知，而不稱為知。當然，即使反過來說知與神合，知亦不會稱為神。〔案：外道為著應對論主的批評，即是指責外道以黑（求那）與疊（陀羅驃）結合作為喻例並不適當，於是舉出另一喻例以兩個陀羅驃（實體）結合作為喻例。他並且提出，兩個實體的結合中，兩者亦有主、次的區別。在喻例中，人為主，杖為次，當人與杖結合，人就稱為有杖，但不能夠反過來說杖與人結合，杖就稱為有人，當然亦不能稱為人。同樣地，在神與知的結合中，神為主，知為次，神與知結合，神就稱為「有知」，而不稱為知，但不能說知與神結合，知就稱為有神，當然亦不能稱為神。〕

　　論主指出，有杖的人不等同於杖。

　　婆藪解釋，雖然杖與有杖（人）結合，有杖亦不是杖。同樣地，知與有知（神，姑且稱為有知）結合，有知亦不是知。而知相（即

能知,或了知的能力)只存在於知之中,而不存在於有知(神)之中,因此,即使知與神結合,神亦不為能知。〔案:論主仔細地分析了外道的說法,得出結論指,即使神與知結合,神只可姑且稱為有知。然而,能知只存在於知之中,而不會存在於神之中,儘管神稱為有知。因此,即使按照外道的說法,神稱為有知,卻仍不能說是能知,因為能知只存在於知之中,不存在於神之中。正如人雖然為有杖,但卻不具有杖的硬直之相。〕

14. 外曰:僧佉人復言:若知與神異,有如上過。我經中無如是過。所以者何?覺即神相故。我以覺相為神,是故常覺,無不覺。

內曰:雖已先破,今當更說。若覺相,神不一(修妬路)。覺有種種苦、樂覺等,若覺是神相,神應種種。

上面就神與覺為別異作出辯論,勝論師已告落敗,現再由僧佉人,即數論師發言。他說:若以知與神別異,則有以上的過失,而我經(《數論經》)沒有這樣的過失,因為經中以覺即是神的相,因此,神常覺,沒有不覺的時候。

論主首先指出,上文已破了神與覺為一的說法(見本章第 6段),現在更進一步解釋。「若覺相,神不一」,意思是,倘若神以覺為相,則神並非獨一。〔案:按照數論的說法,神我與自性結合變成覺時,神我是處於整一的狀態。〕

婆藪解釋,由於有苦覺、樂覺等不同的覺,如果覺是神的相,則亦應有苦、樂等種種不同的神。

15. 外曰:不然。一為種種相,如頗梨(修妬路)。如一頗梨珠,

隨色而變，或青、黃、赤、白等。如是一覺，隨塵別異，或覺
苦，或覺樂等。覺雖種種相，實是一覺。

內曰：若爾，罪、福一相（修妬路）。若益他覺是名福，若損
他覺是名罪，一切慧人心信是法。若益他覺、損他覺是一者，
應罪、福一相，如施、盜等亦應一。復次，如珠先有，隨色而
變，然覺共緣生，是故汝喻非也。復次，珠新，新生滅故。相
則不一，汝言珠一者，是亦非也。

數論師為著挽救神非獨一的過失，於是提出體雖然為一，但可
有種種不同的相。他舉出頗梨珠（即水晶珠）為喻例。

婆藪解釋，數論師認為，一顆頗梨珠可隨環境而轉變它的色彩，
同樣地，同一的覺會相應於不同的情況而變成苦覺或樂覺等等。雖
然有種種不同的表現，但仍然是同一的覺。

論主回應說，若按照外道的說法，罪、福就會是相同的。

婆藪解釋，如果某個覺相是有益他者的，則為福；若是損害他
者的，則是罪。論主認為，一切有智慧的人都同意這說法。如果說
這兩種相的覺是同一的覺，就即是說福與罪是同一。同樣地，布施
與偷盜等亦應是同一，這顯然不合理。第二點，外道所用的喻例頗
梨珠是先有，然後隨著不同的環境而現出種種色彩，但覺並不是先
有的，而是隨著種種緣而生起的。所以，頗梨珠的喻例並不適用。
第三，頗梨珠是新生的，因為它是念念生滅的，既然每一刻的珠都
是新生的，理應每刻的珠都有不同的相。因此，外道說每刻不同相
的都是同一顆珠，這是不正確的。〔案：在修妬路中，論主只作出
一點回應，即是「罪福一相」，而在下一段，外道亦只提到這一點，
因此，相信第二和第三點是注釋者婆藪提出的。論主在這裏提出，

外道所說的覺能作業，能作出益他或損他等業，作益他業是福，作損他業是罪，倘若如外道所說，不同相的覺都是同一的覺，那麼，作益他業的覺就應與作損他業的覺為同一，即是說福與罪亦是同一。第二點，外道所說的珠是先有，即使環境上未有不同的光線，珠已是先存在，然後隨著環境中各種色彩光線而現出不同的顏色。但覺並不是先於樂覺、苦覺等而存在。即是說，並沒有一個離苦、樂等緣而先存在的覺，故說「覺共緣生」，遇樂緣則生樂覺，遇苦緣則生苦覺，無適當的緣則無覺。由於沒有一個離開各種緣的覺的實體，所以覺與珠的情況不同，不能以珠作為喻例。第三點，注釋者婆藪指出，珠是生滅法。由於珠在念念生滅，即是每一刻都生起新的珠，並隨即滅去，每一刻的相都不同，但不同的相是出於每刻新生的珠，所以不能說種種相是屬於同一顆珠。這裏的第二和第三點的論破方法顯然跟第一點不同，以至跟論主提婆一貫的方法不同。提婆一貫的做法是先假設外道的立場是正確的，然後推論出不合理的結果，由此推翻原先假設的立場。這裏的第二點是以覺為緣生，無實在的覺為前提；第三點則以珠念念生滅為前提。這兩個前提顯然是佛教本身的立場，特別帶有唯識學的色彩。然而，在辯論中，前提應為雙方共許的。本段中的外道是數論師，他們基本上以覺、珠等事物為實，而不是緣生或念念生滅。在這情況下，雙方各執持己方的立場作為前提，根本沒有共同的基礎進行辯論，這是違反了辯論規則的。因此，筆者認為這裏的第二和第三點是無效的。〕

16.　外曰：不然。果雖多，作者一，如陶師（修妬路）。如一陶師作瓶盆等，非作者一故果便一也。如是一覺能作損、益等業。

內曰：陶師無別異（修妬路）。譬如陶師身一無異相，而與瓶、盆等異，然益他覺、損他覺實有異相，又損、益等與覺不異。是故汝喻非也。

數論師為救一覺可有多相的說法再舉陶師作喻例。

婆藪解釋，一個陶師可作出瓶、盆等多種器具，同樣地，一個覺亦能作出損益等不同的業。

論主指出，陶師仍只是一個，沒有不同的陶師。

婆藪解釋，陶師的身子沒有不同的相，而且陶師與瓶、盆等相異；但益他覺與損他覺則是不同的相，而且損、益等與覺不相異。
〔案：陶師只有一體一相，但益他覺與損他覺是不同的相，如果體是一以及不變，就不應有不同的相，因此，現見覺有不同的相，就表示覺的體不是一，或不是常。另外，外道以陶師作瓶、盆譬喻覺作損、益，然而，陶師跟瓶、盆是別異的，別異的東西當然可有多種，但損、益與覺並非別異，一覺不能又是損他覺，又是益他覺，因為外道認為神是常一，而覺是神的相，故亦應是常一的。〕

17. 外曰：實有神，比知相故（修妬路）。有物雖不可現知，以比相故知。如見人先去，然後到彼，日、月東出西沒，雖不見去，以到彼故知去。如是見諸求那依陀羅驃，以比知相故知有神。神、知合故，神名能知。

內曰：是事先已破，今當更說：不知非神（修妬路）。汝法神遍廣大而知少。若神知者，有處有時不知，是則非神。有處名身外，有時名身內，睡眠、悶等，是時不知。若神知相有處有時不知，是則非神。何以故？無知相故。汝以知相有神者，空

無實也。

數論師又指出可透過推論得知神是真實存在的。

婆藪解釋，數論師認為，有些存在的事物雖然不能現見，但透過推論可得知，例如見到一個人離開這處，後來在另一地方出現，雖然未有看見他前往該地方的過程，但亦可推知他從這處前往該地方。又例如看見日、月在東方出，後來見到日、月到達西方，即使沒有整天看著日、月移動，亦可推知日、月從東方移往西方。同樣地，求那（guṇa，德）依附於陀羅驃（dravya，實），知是求那，神是陀羅驃，即使不能直接感知神，亦可透過知而推知有神。神與知結合，所以神具有知，故神稱為能知。

論主表示神為能知的說法在先前已破，現在再次解說。他說「不知非神」，意思是無知之處（空間）或無知之時（時間）沒有神。

婆藪解釋，在數論的義理中，神廣大遍在，但見現知只在少處，如果神是知，由於有某些地方，及某些時間不知，則這些地方、時間就沒有神。人的軀體是能知，但身外之處卻不是能知；即使在身內，人在清醒時能知，在睡眠或昏迷時卻不能知。既然在某些處、某些時不知，是故無神。因此，外道以看見知相而推論有神，這說法是不真確的。〔案：按照數論的義理，神遍在於一切處和一切時，而數論在本段中以看見知來推論有神，這即是說在無知之處或無知之時就不能推論有神。在人身上可以見到知的表現，在人身外就沒有知的表現，即是在身外之處無知；在人清醒時可見到知的表現，在睡眠或昏迷時卻沒有知的表現，故在這些時間無知。既然說神有知，那麼，在無知之處、之時就必無神。但是，又說神遍在於一切處、一切時。總結來說，數論的神常而遍的說法自相矛盾。〕

18. 外曰：行無故知無，如煙（修妬路）。如煙是火相，炭時無煙，是時雖無煙而有火。如是知雖神相，若有知，若無知，神應常有。

內曰：不然。神能知故（修妬路）。若不知時，欲令有神者，神則不能知，亦無知相。所以者何？汝神無知時亦有神故。復次，若無煙時現見有火，知有火；神若有知，若無知，無能見者，是故汝喻非也。復次，汝說見共相，比知故有神，此亦非也。所以者何？見去者、去法到彼故（修妬路）。若離去者，無去法；離去法，無去者到彼。如是見去者曰到彼，必知有去法。若離神無知，是事不然。是故不應以知故知有神。不可見龜而有毛想，不可見石女而有兒想，如是不應見知便有神想。

數論師又提出「行無故知無」一命題，意思是神行境時則有見有知，神不行境時則不見不知。〔案：行境即是對於對象事物進行認知或作出反應。〕他又舉出煙為喻例。

婆藪解釋，煙是火的相，但是，當火潛藏於炭之中的時候（他們相信炭具有火性），卻沒有煙。同樣地，知是神的相，但當神在潛藏的狀態中，即不行境的時候，就不見有知。因此，無論在有知之時，或無知之時，神應常有。

論主指出，外道說神能知。

婆藪解釋，若說在不知時仍有神，這即是說神在這些時間不能知。此外，外道以煙為火相譬喻知為神相，見煙可推知有火，見知可推知有神；不見煙仍知有火藏於炭中，不見知時仍知有神在潛藏之中。但論主指出，即使無煙，若現見有火，可知有火；但是在有知時或無知時都不能見到神，這是由於火能現見，神卻不能現見。

因此，以煙與火譬喻知與神，用以證明有神，這譬喻不能成立。另外，數論說「見共相」，即是見到與神不分離的相，就可推知有神，這亦不正確。原因是，外道以去法不離於去者，因此，見去者就知有去法〔案：去法指「去」這個動作，而去者是動作的主體，必定具有「去」的動作才能稱為去者，因此，見去者就知有去法。〕同樣地，由於知不能離於神，因此見知就證明必有神。在這譬喻中，若離去者，則無去法；若離去法，則無去者。見有去者在此處，其後見去者在彼處，就知必有去法。然而，神與知的關係是否跟去者與去法的關係無異呢？若說離神無知，論主認為並不正確。因此，論主認為不應以見到知就推論有神。正如不應見到龜就推知有龜毛，不應見石女就推知有她的兒子。〔案：外道以「見共相」，即是見到必定共同存在的相，這相既然不能離於神而獨自存在，則見到此相就知有神，這樣的推論基本上是正確的。但問題是這個相（知）是否真的不能離開神而存在呢？外道以去者和去法作譬喻，去者與去法不相離，這點論主是接受的。但論主並不接受神與知的關係亦是不相離。即是說，論主認為知可離開神而存在，因此見知不能推論有神。但在數論的理論中，神與知是不分離的。在這一點上，若雙方各執己見，就不能達到結論，因此筆者認為雙方未能分勝負。至於這段最末提出的「不可見龜而有毛想，不可見石女而有兒想」，龜沒有毛，石女不能有兒，這是世間普遍承認的，然而「見知便有神想」當中知是否與神不分離，卻是各有各的說法，未有定論的。因此，龜與毛，石女與兒這兩個譬喻並沒有作用。這兩個譬喻在修妬路中完全沒有提及，相信是注釋者自行補充的。〕

19. 外曰：如手取（修妬路）。如手有時取，有時不取，不可以不

取時不名為手，手常名手。神亦如是，有時知，有時不知，不可以不知時不名為神，神常名神。

內曰：取非手相（修妬路）。取是手業，非手相。何以故？不以取故知為手；汝以知即神相，此喻非也。

數論師為救神有時知，有時不知的觀點，因而被指無神的問題，再舉出以手取物為喻。

婆藪解釋，手有時取物，有時不取物，在不取物時手仍然是手。同樣地，神雖然有時知，有時不知，但即使在不知的時候，仍然是神，故不應說無神。

論主指出，取不是手的相。

婆藪解釋，取是手作的業。人們不是以取而得知有手。但知是神的相，人們由於見知才能得知有神。因此，以手取物譬喻神有知，這譬喻並不適當。〔案：論主的意思是，手是**實體**，取是業。手即使沒有作業，但有相，仍可知有手。然而，知是神的相，若沒有相，就不能得知有神。這裏的關鍵在於**實體**可以不作業，不活動，但不能沒有相，若沒有相就不能說該實體存在。如果**實體**恆常存在，它的相亦應恆常存在，不應有無相的時候。〕

20. 外曰：定有神，覺苦、樂故（修妬路）。若無覺（神）[17]者，則無覺，身獨不能覺苦、樂。何以故？死人有身，不能覺苦樂。如是知有身者能覺苦、樂，此則為神，是故定有神。

內曰：若惱亦斷（修妬路）。如刀害身，是時生惱；若刀害神，

---

[17] 這裏的「覺」疑為「神」的誤寫。

神亦有惱者，神亦應斷。

　　數論師再嘗試從另一途徑去證明有神。他指出必定有神，因為我們可以感受到苦、樂。

　　婆藪解釋，數論師認為，如果沒有神，就不能覺苦、樂，單憑身軀是不能感受苦、樂的，例如死人有身軀，但不能感受苦、樂，由此可知有身者能感受苦、樂，是因為有神。〔案：**身軀雖然具有各種器官，但單憑這些器官仍不足以產生感覺，必須有一個感受的主體，外道認為這就是神。他指出，人既然有感覺，因此必定有神。**〕

　　論主指出，如果神亦有苦、樂的感覺，則神亦會受傷害。他舉喻例說，如以刀傷害身軀，會生起痛苦，若果以刀傷害神，而神亦有痛苦，則神亦應如身軀一般會被砍斷。〔案：**在本段中，論主指出如果以刀傷害身軀，會生痛苦，身軀亦會被砍斷。若神與身軀同在，則刀傷害身軀就同時會傷害神，如果神亦同樣有痛苦感受，神亦應同樣會被砍斷。但在外道的理論中，神是恆常的，不應會受損害。因此，神有苦、樂感覺的說法，跟外道本身的理論有矛盾。**〕

21.　外曰：不然。無觸故，如空（修妬路）。神無觸故不可斷，如燒舍時，內空無觸，故不可燒，但有熱。如是斷身時，內神無觸，故不可斷，但有惱。

　　　內曰：若爾，無去（修妬路）。若神無觸，身不應到餘處。何以故？去法從思惟生，從身動生。身無思惟，非覺法故。神無動力，非身法故。如是身不應到餘處。

　　數論師指出，神有如虛空一般不能接觸，故不可斷。他舉喻說，

如燒一間屋舍時，屋內無物，故無觸，因此不可燒，只有熱。屋譬喻身軀，屋內無物譬喻身內的神如虛空不可觸。當火燒屋時，屋會被燒毀，但屋內無物可被燒毀，譬喻刀傷害身軀時，身軀會斷開，但身內的神由於不可觸故不會斷。神雖然不被砍斷，但如同在屋內，會感到熱，所以神亦會感到痛苦。〔案：**神如虛空一般無形，無形故無對礙，因此不能觸摸。身有對礙，刀亦有對礙，故接觸時身會被刀砍斷。神無對礙，故不會被刀砍斷。**〕

論主回應，如果按照外道所說神無觸，那麼，身軀不應能往別的地方去。

婆藪解釋，「去法」由思維產生，而「動」則由身軀進行。身軀沒有思維，因為它不是覺法；神沒有動力，因為它不是物質性的身軀。兩者各自都不能動，因此身軀不能前往別的地方去。〔案：**論主在這裏針對著外道說「神無觸」的說法，即是說刀接觸身軀時，神卻沒有被接觸。外道由此說明神不會如身軀般被刀砍斷。但這樣說就等於承認神與身軀別異。神能夠思維，能產生去的念頭，但它與身軀別異，沒有動力執行去的念頭。另一方面，身軀不懂得思維，沒有去的想法，即使具有動的能力，仍然不會去。因此，身軀不應能夠到別的地方去。**〕

22. 外曰：如盲、跛（修妬路）。譬如盲、跛相假能去，如是神有思惟，身有動力，和合而去。

內曰：異相故（修妬路）。如盲、跛，二觸、二思惟故，法應能去，身神無二事，故不應去，是故無去法。若不爾，有如上斷過。復次，汝謂空熱，此事不然。何以故？空無觸故，微熱遍空，身觸覺熱，非空熱也，但假言空熱。

　　數論師舉盲子和跛子作譬喻。

　　婆藪解釋，數論師指出，盲子有動的能力，卻不懂方向，譬喻身軀；跛子懂得方向，卻不能行走，譬喻神。盲子和跛子合作，一個指示方向，另一個依著指示行走，就可行動。同樣地，神能指示，身軀有能力行走，二者結合就可行動。

　　論主指出，盲子與跛子跟神與身軀的情況不同。

　　婆藪解釋，盲子與跛子各自有觸，各有思維，所以能去。但神與身並非各自有觸和思維，所以不應去。如果神與身各自有觸、有思維，神就應可被刀砍斷。另外，外道所說「空熱」的情況亦不正確，因為空無觸。〔案：「空熱」指外道在上文所說，神如虛空，在火燒舍時，如屋內虛空之處，只有熱，卻不會被燒。同樣地，以刀傷神時，神只感到痛苦，卻不會斷。〕火燒舍時，熱力遍佈屋內空間，若身處於當中，身軀會感覺熱，但空不會感覺熱。〔案：跛子和盲子合作能行動，是因為跛子能作出指示，而盲子能夠行走。當然，正如婆藪所說，跛子和盲子各自有觸、有思維，但在合作行動一事上，盲子只需跟著指示，無需思考，而跛子只需作出指示，無需行走。因此，婆藪所說的「盲、跛，二觸、二思惟」在這件事上並不是重點。同樣地，神與身結合而行動，神只需作出指示，無需行動，身只需按指示行動，無需思維。兩者無必要各自有觸、有思維仍可行動。因此，筆者認為，婆藪以「身神無二事，故不應去」來駁斥外道盲跛之論並不成功。再者，盲子、跛子雖然各自有觸、有思維，但如果不合作，仍是不能行動。因此，盲跛能行動的必需條件是：第一、盲子有觸，能行走；第二、跛子有思維，能指示；第三、二者合作。至於盲子有思維，跛子有觸，縱使是有，亦非必需條件。同樣地，神與身能行動的必需條件是：第一、身有動力，

能行；第二、神有思維，能指示；第三、二者結合。至於神是否有動力，身軀是否有思維，都不是重點。對於以上問題，筆者認為，注釋者未有正確理解提婆的本意，因而出現缺失。理由是，提婆在修妬路中說「異相故」，意思應是指神與身軀的相別異，如果相別異，體亦應別異，論主認為兩個別異的實體不能和合（samavāya），即缺少了第三個必需條件，故神與身軀不能「和合而去」。另外，在「空熱」一喻例中，外道以空喻神，舍喻身，火燒喻刀砍。當火燒舍時，空不會被燒。同樣地，刀砍身時，神不會被砍斷，因為神如空一般無形、無觸、無對礙。但外道卻誤以為空會覺熱，而論主則指出，空不會感覺熱，神亦應由於無觸而不會感覺痛苦。這樣就否定了外道在第 21 段所說「斷身時，內神無觸，故不可斷，但有惱」的說法。〕

23.　外曰：如舍主惱（修妬路）。如燒舍時，舍主惱而不燒，如是身斷時，神但惱而不斷。

　　內曰：不然。無常故燒（修妬路）。舍燒時，草木等無常故，亦燒亦熱。空常故，不燒不熱，如是身無常故，亦惱亦斷；神常故，不惱不斷。復次，舍主遠火，故不應燒；汝經言神遍滿故，亦應斷壞。

　　數論師為救「空熱」之論，再舉舍主為喻。

　　婆藪解釋，數論師指出，在火燒舍時，屋舍主人沒有被火燒，但仍感到苦惱。同樣地，在身軀被刀砍時，神不會斷，但有苦惱。

　　論主指出，屋舍無常，故能燒毀。

　　婆藪解釋，建造屋舍的材料如草、木等是無常，因此可燒，亦

會熱，但虛空是常的，故不可燒，亦不會感到熱。同樣道理，身無常，因此可斷，亦會痛苦，但外道所說的神是常的，故不可斷，亦應不會痛苦。另外，喻例中的屋舍主人不在屋中，故不被燒，但數論的經典指神遍滿，故不能離開刀砍，因此應會斷壞。

24.　外曰：必有神，取色等故（修妬路）。五情不能知五塵，非知法故，是故知神能知。神用眼等知色等諸塵，如人以鎌收刈五穀。

內曰：何不用耳見（修妬路）？若神見有力，何不用耳見色？如火能燒，處處皆燒。又如人，或時無鎌，手亦能斷。又如舍有六向，人居其內，所在能見。神亦如是，處處應見。

數論師再從另一方面證明有神。他指出，在認識外物時，我們能取得外物色等相狀。

婆藪解釋，數論師認為，我們雖然有五情（即五根），但單憑五根不能認知五種對境，因為五根並非能知，由此可知神能知。神運用眼等五根能認知色等事物，正如人運用鎌刀去收割五種穀物。

〔案：外道試從認知上證明有神。他指出，單憑我們身上的眼、耳、鼻、舌、身五根，不能認知事物，因為五根並不是能認知的主體。因此，必定有一個能認知的主體，才會有認知的活動。而這個認知主體就是神，這樣就可證明神存在，而且是能知。〕

論主回應，為甚麼不用耳去見色呢？

婆藪解釋，如果神有見的能力，為何不用耳見色呢？他又舉例說，正如火有燒的能力，可以燒任何物件。又例如人有斷物的能力，即使不用鎌刀亦能斷穀物。又例如屋舍有六個方向，人身處屋內，

可透過任何一個方向而能見物。倘若神有見的能力，它居於身內應可運用任何一根去見事物。〔案：論主在這裏針對著外道所說認知的能力在神，而不在五根。如果神完全具有認知能力，則無需依靠其他東西亦能認知事物，那麼，神應不用眼亦可見色。〕

25. 外曰：不然。所用定故，如陶師（修妬路）。神雖有見力，然眼等所伺不同，於塵各定故，不能用耳見色，如陶師，雖能作瓶，離泥不能作。如是神雖有見力，非眼不能見。

內曰：若爾，盲（修妬路）。若神用眼見，則神與眼異。神與眼異，則神無眼。神無眼，云何見？汝陶師喻者，是亦不然。所以者何？離泥更無有瓶，泥即為瓶，而眼、色異故。

　　數論師指出，神必須運用適當的根才能認知事物。

　　婆藪解釋，數論師指出，神雖然有見的能力，但眼、耳等五根各自所伺察的東西不同，對於色必需用眼，對於聲必需用耳，不能用耳見色。正如陶師雖然能造瓶，但如果沒有泥，則不能作。同樣地，神雖然有見的能力，但如果沒有眼，就不能見。

　　論主指出，若按照外道的說法，神就是盲的。

　　婆藪解釋，若說神用眼見，即是說神與眼別異，既然神本身無眼，怎能見呢？陶師的譬喻亦不能成立，因為泥和瓶本身就是同一東西，但眼和色卻是別異的。〔案：論主仍是針對神本身能否見的問題來進行辯論，這問題跟前面第 22 段的問題性質相同，前面說神與身別異，不能和合而去；在這裏，神與眼別異，亦不能和合而見。神沒有眼則不能接觸色境，故不能見；眼本身不是能知的主體，沒有神亦不能見。眼與神各自為獨立的實體，不能和合，因此不能

和合而見。在這種實體的觀念下，每一實體不能與其他實體有著真正結合的關係。另外，關於陶師、泥和瓶的譬喻，泥與瓶本身就是同一實體，所以，沒有泥就必沒有瓶。但眼和色並非同一東西，倘若神本身有見的能力，即使沒有眼亦應能見色。〕

26. 外曰：有神，異情動故（修妬路）。若無神者，何故見他食果，口中生涎？如是不應以眼知味，有眼者能知。復次，一物眼、身知故（修妬路）。如人眼先識瓶等，闇中雖不用眼，身觸亦知，是故知有神。

外曰：如盲，修妬路中已破。復次，若眼見他食果而口生涎者，餘情何以不動？身亦如是。

數論師再從另一方面嘗試證明有神。「異情動」意思是未有接觸對象的其他根亦會作出反應。

婆藪解釋，數論師認為，倘若沒有神，為甚麼我們見到他人食水菓時，自己口中會生涎呢？我們只用眼看見水菓，眼不能知味道，但「有眼者」能知。「有眼者」即具有眼睛的，指的是神。

另外，數論師又指出，對於一件事物，眼和身分別地接觸，仍可知是同一事物。

婆藪解釋，例如人眼先見到瓶，當轉為黑闇後，眼雖然不能見，但以身觸摸亦可知是同一個瓶，因此可知有神。〔案：外道所持的理據是，五根各自只能認知相應的對象，即眼只能見色，耳只能聽聲。而眼見到水菓時，舌亦會有反應而流涎；另外，眼先看見瓶，其後手觸摸到亦可知道是同一個瓶，從這兩個例子可知五根有同一個統馭者。這個統馭者從眼見到某東西，可以將信息傳給舌、身等，

因此舌、身亦可憑著從眼而來的信息作出判斷和反應。而外道認為
這個統馭者就是神。〕

　　論主指出，在上文（第 25 段）所說的「盲」已破了外道這種說
法。另外，當眼見他人食菓時口生涎，為甚麼其他根不動呢？眼見
瓶後，身觸而知是同一瓶，為甚麼其他根不知呢？〔案：論主在這
裏再引用上文第 25 段的論據，即是說，如果神運用眼而見物，則
神與眼別異，即神本身無眼，故不能見，因此，神是盲。外道在這
裏說神運用眼見他人食菓，以及見瓶，仍然有著神是盲的問題。至
於「復次，……身亦如是。」這部分，筆者認為是注釋者補充的。
理由是，在修妬路中完全沒有提及，此外，在下一段中，外道亦沒
有就這部分作出反駁。在這部分中，注釋者的理據應是，如果有神，
則眼見他人食菓，其餘諸根都應齊動；眼見瓶後，其餘諸根都應知
瓶，因為神知，其餘諸根都應知，都應動。然而，未見諸根齊動，
因此知無神。〕

27.　外曰：如人燒（修妬路）。譬如人雖能燒，離火不能燒。神亦
　　　如是，用眼能見，離眼不能見。

　　　內曰：火燒（修妬路）。言人燒者，是則妄語。何以故？人無
　　　燒相，火自能燒。如風動木，相揩生火，焚燒山澤，無有作者，
　　　是故火自能燒，非人燒也。

　　數論師再舉人能燒物為喻。
　　婆藪解釋，數論師提出，如人雖然能燒，仍必需運用火才能燒。
同樣地，神雖然能見，仍必需運用眼才能見。
　　論主回應，能燒的是火，不是人。

　　婆藪解釋，說人能燒是錯誤的。人本身沒有燒的作用，而火無需依靠人亦能燒。例如風吹動樹木，樹木互相磨擦而生火，能焚燒山澤，當中沒有進行燃燒的人，所以火自行能燒，而不是人作燃燒。

28.　外曰：如意（修妬路）。如死人雖有眼，無意故，神則不見；若有意，神則見。如是神用眼見，離眼不見。
　　內曰：若有意能知，無意不能知者，但意行眼等門中便知，神復何用？

　　數論師再提出「如意」，意思是眼跟意一般，都是見的必需條件。

　　婆藪解釋，數論師認為，例如死人有眼，但無意，所以神不能見，如果有意，神則能見。同樣地，神用眼見，沒有眼就不能見。〔案：上文已提過，外道認為神、情、意、塵四事結合能生知，情即是五根，塵即是五境。例如神、眼根、意、色境結合就能生見，這見就是知；又如神、耳根、意、聲境結合就生聽，這裏的聽亦就是知。外道以死人有眼，但沒有意，故不能見，來證明必需有意才能見。眼亦是以上四事之一，所以亦必需有眼才能見。〕

　　論主順著數論師所說，有意能知，無意則不能知，那樣，只要意行於眼等五根便能知，神有甚麼用處呢？〔案：至目前為止，外道只能解釋根、意、塵是知的必需條件，卻未能指出神的作用。而且，根、意、塵三事結合已能生知，故沒有理由說神必定存在。而且，神不可見，因此應沒有神。〕

29.　外曰：意不自知。若意意相知，此則無窮；我神一故，以神知

意，非無窮也。

內曰：神亦神（修妬路）。若神知意，誰復知神？若神知神，
是亦無窮。我法以現在意知過去意，意法無常，故無咎。

數論師嘗試提出必需有神存在的理由。他說意雖然能知，但不
能自知。如果需要另一個意去了知這個意，該意亦需其他意去了知，
那就成為無窮追溯。而外道本身所說的神是獨一的，以神去了知意，
就沒有無窮追溯之過失，因此必需有神。〔案：外道在這裏的理據
是，我們的意運用眼能見東西，單憑這個意，我們只能達到「見東
西」這結果。然而，我們其後更能知道我們剛才的意看到東西，「意
看到東西」這件事情，即是意的作為，成為了我們的所知，可見這
意的作為成了第二個意的對境而被認知。同樣道理，第二個意的作
為亦應有第三個意對它加以認知。如此類推，就應有無窮的意存
在。外道指出，他所說的神是獨一的，神能認知意，那就不需有第
二個以至無窮的意，這樣就能避免無窮追溯的問題。〕

論主指出，神亦需要另一個神去了知。

婆藪解釋，倘若神能知意，這個神又由誰去知呢？是否仍需要
另一個神去認知這個神的作為呢？因此，以上所說無窮追溯的問題
仍未解決。而婆藪本身的義理是以現在的意認知過去的意，由於意
法無常，所以沒有無窮意的問題。〔案：外道所說以神知意的方式
顯然沒有解決無窮追溯的問題。而婆藪提出的方式又能否解決這問
題呢？我們試比較兩者的說法。首先，意的作為是我們可知的，對
於這點，雙方都不反對；另外，意只能知對境，不能自知，即是不
能認知自身的作為，這點亦是雙方共許的。根據上面的推論，這樣
會有無窮的神或無窮的意，這違反了外道本身的經義。再者，外道

認為，神和意都是實在的，就在眼看見東西一事中存在著無窮的意，即無窮的實在東西更是不可能。婆藪則以現在意認知過去意，即是前一刻的意的行為由現一刻的意去認知，而現一刻的意的行為就需待下一刻的意去認知，而意是無常，念念生滅的，每刻都有新的意生起，隨即滅去。此刻的意能知前刻的意的行為，而此刻的意的行為又被後一刻的意所知，這樣地意意相續，就不會有無窮的意同時存在的問題。相比起來，婆藪的說法應較為優勝。當然，這說法還不是完美的，例如他還應交代如何以現在意知過去意。過去意既然已過去，如何成為現在意的對境呢？〕

30.　外曰：云何除神（修妬路）？若除神，云何但意知諸塵？

　　內曰：如火熱相（修妬路）。譬如火熱，無有作者。火性自熱，無有不熱之火。如是意是知相，雖復離神，性知故能知，神、知異故，神不應知。

　　數論師反問論主，為何要排除神的存在呢？

　　婆藪解釋，數論師提出，若沒有神，單憑意怎能認知塵呢？

　　論主舉喻，如火具有熱相。

　　婆藪解釋，火本身就具有熱相，無需其他東西令火變成熱，亦沒有不熱的火。同樣地，意本身就具有知相，即使沒有神，意本性是知，所以能知。而神與知別異，這樣，神就不應知。

31.　外曰：應有神，宿習念相續故，生時憂、喜行（修妬路）。如小兒生便知行憂、喜等事，無有教者，以先世宿習，憶念相續故，今世還為種種業。是故知有神，亦常相。

內曰：遍云何念（修妬路）？神常遍諸塵，無不念時，念從何生？復次，若念一切處生，念亦應遍一切處，如是一切處應一時念，若念分分處生，神則有分，有分故無常。復次，若神，無知；若知，非神，此事先已破。

數論師再從另一方面嘗試證明有神。他指出，由於先世習得事情的記憶能延續至今世，故小孩生時就表現出有憂、喜。

婆藪解釋，數論師提出，小孩生時還未有人教導，但已知道有憂、喜等事。這是由於先世已學習到這些事，而憶念相續，至今能做出種種行為。憶念能夠延續至今世，是由於憶念存在於神之中，先世身軀死去，但神常存，故憶念能夠隨著神，延續至另一世。由此可知有神，而且神是常。

論主指出，數論既然說神遍在，那樣怎能生念呢？

婆藪解釋，首先，由於數論所說的神常而遍於一切事物，念亦應是常而遍。怎樣能生念呢？第二，若念遍於一切處，則一切處應在同一時間中生同一念。如果各處有不同的念生起，即表示神亦有不同的部分，若有部分就是無常。第三，若有神，則神無知；若有知，則沒有神。數論說神是能知，這點在上文已破。〔**案：若果神是遍而常，念是神的相，因此亦應遍而常，這就應是常念，沒有不念的時候，那如何有念生起呢？所謂生起念，應指從無念至有念，或是從念甲事變為念乙事，倘若念是常，就不應有這兩種情況。上文已反覆論證若有神，則神無知，若有知，則無神。念也是一樣，若有神，則神無念；若有念，則無神。這裏的第二和第三點，相信亦是注釋者補充的，因為在修妬路中未有提及，而數論外道在下文亦沒有就這兩點作回應。**〕

32. 外曰：合故念生（修妬路）。若神、意合，以勢發故念生。何以故？神、意雖合，勢不發者，則念不生。

內曰：雖先已破，今當重說。神若知相，不應生念；若非知相，亦不應生念。復次，若念知（修妬路）。若念生，是時知，若念不生，是時不知，應念即是知，神復何用？

　　數論師這時必須證明有念生，因此他提出「合故念生」〔案：這裏說的合，應指神、意的結合。因為數論在上文提到神、意、情、塵合則有知生，而念的生起則無需五根，亦不涉及五種外境，故只需神、意合即成。〕因此應有念生起。

　　婆藪在解釋中，則加上「勢發」作為生念的條件。〔案：勢發即是作意思量過去的事。[18]按照世親的唯識學，念屬於別境心所，即是只在攀緣某些個別的境時才生起的作用，相對於此的是遍行心所，即是緣任何境而生起識時都會生起的作用。注釋者婆藪認為，念心所只在作意思量前事時才會生起。〕

　　論主指出，神如果以覺知為相，則不應生念，如不以覺知為相，亦不應生念。〔案：按照數論的說法，神是具自性的實體，倘若以覺知為相，則可有念，若有念，則應恆常地有念，沒有不念的時候，因為如果體不變，相亦應不變。既然沒有不念的時候，就沒有生念的時候。相反，如果神不以覺知為相，則沒有念，故亦不應生念。〕此外，念時即是知。

　　婆藪解釋，念生時知，念不生時不知，故念即是知，那麼，神有何用呢？

<hr>

18　《百論疏》，大 42.269c。

33. 外曰：應有神，左見右識故（修妒路）。如人先左眼見，後右
眼識，不應彼見此識；以內有神故，左見右識。

內曰：共答二眼（修妒路）。分知不名知。復次，若爾，無知。
復次，遍云何念？復次，若念知。復次，何不用耳見？復次，
若爾，盲。復次，如左眼見，不應右眼識，神亦不應此分見，
彼分識。是故不應以左眼見，右眼識故，便有神。

數論師再嘗試證明有神，他舉出理由說「左見右識」。

婆藪解釋，數論師指出，某人先以左眼見某事物，然後以右眼
看該事物，他的右眼雖然只是初次見到該事物，但能夠辨認出該事
物是剛才左眼所見的同一事物，由此證明有神存在於身內。〔案：
**數論的理據是，由於有神在身內，左眼見到事物，實際上就是神見
到事物，其後再以右眼看，亦同樣是身內的神看到該事物，因此能
辨認出是同一事物。**〕

論主回應說「共答二眼」，意思是，以上提述過的各種破神的
說法，皆可同時回應外道所述的二眼之說。

婆藪指出，這些說法包括：「分知不名知」、「若爾，無知」
〔案：這兩個說法是論主提婆在後兩段所提出的，提婆不應引述還
未提出的論據，這裏有次序上的問題。但這部分是注釋者婆藪所造
的，他當然可以先看到提婆在後兩段所提出的說法，因此能夠在這
處引用〕、「遍云何念？」、「若念知」、「何不用耳見？」和「若
爾，盲」。〔案：由於以上的說法已經可以回答外道二眼之說，因
此，提婆再沒有作其他回應。而注釋者婆藪則列出了提婆的各種說
法，包括在稍後才提出的。外道在二眼之說中，嘗試證明有神，而
且神有知，而論主以上的說法皆可否定外道這個說法。「分知不名

知」（第 34 段）指出，如果神只在一部分地方生起知，則稱為分知，神若只是分知，不能稱為知。二眼說中，神只有眼生知，只是部分知，因此不能稱為知。「若爾，無知」（第 35 段）指出，如果神只有少知，即是多不知，因此，神應稱為無知。二眼說中，眼為少分，即是多分不知，故神應隨多分而稱為無知。「遍云何念？」（第 31 段）指出，如果神為常遍，應沒有不念的時候，因此不應生念。在二眼說中，神亦應無不見或不識的時候，因此不應生起見或識。「若念知」（第 32 段）指出，由於念生時知，不生時不知，故應念即是知，神則無用。在二眼說中，眼見時或識時知，眼不見不識時則不知，故見和識即是知，神則無用。「何不用耳見」（第 24 段）指出，如果神有見的能力，則不需用眼，亦應能見。在二眼說中，如果神有知的能力，則無需眼亦能見能識。「若爾，盲」（第 25 段）指出，如果神用眼見，即是說神與眼別異，則神無眼，故不能見。在二眼說中，如果神用左眼見、右眼識，即表示神與左眼、右眼皆別異，則神無眼，故不能見、不能識。〕婆藪再補充說，如果說左眼見不應右眼識，那麼，即使有神，神亦應不能此分見而彼分識。所以不應憑左眼見、右眼識就說有神。〔案：婆藪在這裏的論據是，左、右眼同是一根，如果說倘若沒有神，就不應左眼見、右眼識，那麼，神亦不應此部分見而彼部分識，因為神用左眼見時，亦只是部分生起見。〕

34.　外曰：念屬神，故神知（修妬路）。念名神法，是念神中生，
　　　是故神用念知。

　　　內曰：不然，分知不名知（修妬路）。若神一分處知生，神則
　　　分知；若神分知，神不名知。

數論師指出，念屬於神，故神知。

婆藪解釋，數論師指出，念是神所具有的作用，在神中生起，神運用念而能知，因此，神並非無用。〔案：論主提婆在第 32 段破數論說的「合故念生」，而外道則在這裏（第 34 段）才嘗試挽救，中間插入了「左見右識」的一段，似有些連貫上的問題。按《百論疏》解釋，相信是數論外道被論主破了「合故念生」的說法後未能立即應對，而在旁的外道這時提出「左見右識」，經一翻對答之後，數論外道才想出挽救的方法，於是在本段提出「念屬神」的說法。〕

論主回應說「分知不名知」。

婆藪解釋，如果神只有一部分生起知，其餘部分不生起知，則神不名為知。〔案：若說念屬於神，則念只是神的一部分，因為念只在一處生起，而神則是遍在。即使念有知，神亦只是部分知，即是說，神其餘部分不知，故神不稱為知。〕

35. 外曰：神知非分知，何以故？神雖分知，神名知，如身業（修妬路）。譬如身分，手有所作，名為身作。如是神雖分知，神名知。

內曰：若爾，無知（修妬路）。汝法神遍，意少。神、意合故神知生，是知與意等少，若以少知，神名知者，汝何不言以多不知故神名不知？又汝身業喻者，此事不然。何以故？分、有分，一、異不可得故。

數論師反駁說，神知非分知，原因是，雖然神只是部分生起知，但仍然稱為知，譬喻如身作業。

婆藪解釋，數論師認為，手是身的部分，當手有所作時，亦稱

為身作。同樣地，念是神的部分，如果念有知，神亦稱為知。

論主指出，若這樣說，神則為無知。

婆藪解釋，數論所說的神遍滿，而意只在少處生起，神、意結合而生知，知應跟意一樣只在少處生起。如果基於有少知而神稱為知，為何不以多不知而神稱為不知呢？另外，外道提出的身業之譬喻並不適當，因為手是分（部分），身是有分（具有各部分的，即是整體。身具有手、足、頭等部分，故是整體），分與有分是一或是異都不可得。〔案：**關於這點，在〈捨罪福品〉中的象手喻中已破，讀者可參考該段。**〕

36. 外曰：如衣分燒（修妬路）。譬如衣一分燒，名為燒衣。如是神雖一分知，名為神知。

　　內曰：燒亦如是（修妬路）。若衣一分燒，不名為燒，應名分燒。汝以一分燒故，衣名燒者，今多不燒，應名不燒。何以故？是衣多不燒，實有用故。是以莫著語言。

　　數論師為著挽救分知仍稱為神知的說法，再舉燒衣為喻例。譬如一件衣服部分被燒，可稱為燒衣。同樣地，神雖然一分知，亦可稱為神知。

　　論主在上文已說明「分知不名知」，但外道仍然不願放棄神名知的說法，再舉出燒衣為喻。論主提婆只回應說「燒亦如是」，意思是燒衣仍然跟上述分知的情況一樣。

　　婆藪解釋，衣服部分被燒，不名為燒，應稱為部分燒。外道以衣一分被燒，稱為燒衣。但論主指出，衣服多分不被燒，應稱為不燒。而且，實際上該衣服仍可使用。論主最後總結說「莫著語言」。

〔案：外道在本篇中多次反覆舉喻，嘗試證明有神，而且神有知、有念等，無論是數論師或勝論師，都著眼於在言語上能否稱神為有知、有念等問題上，卻未有證明神有知的能力、念的能力，以及神有存在的必要性。例如勝論師說人與牛合，故人名有牛，如是神合知故，神名有知。他只從言說上考慮，人名有牛，以及神名有知，卻未有考慮人與牛合之後，能否具備牛的特性，神與知合後，又能否具備知的能力。又例如勝論師說神與馬合，神名為馬，如是神與知合，神名為知；以及人與杖合，人名有杖等。數論師說衣一分燒，名為燒衣，如是神一分知，名為神知。在這些例子上，外道都只是從言說上糾纏，未能證明神具有知的能力。外道當然還可舉出大量譬喻，但都逃不過被論主以第 33 段所列舉的說法所破。因此，論主最後總結，教外道不要再執著於言語上的描述，例如人名有杖、名為燒衣、神名為知等，而應注意所述的神實際上有否具備能知、能念等性格。〕

第三節　破一品

　　在本篇〈破一品〉與接著的〈破異品〉中，論主運用一與異的兩難方式，指出勝論六句義的根本問題，即是以實在的，或自性的觀念去了解世間一切事物。倘若事物是實在的、具有自性的，事物就無需依待其他任何東西而能存在，即是具備獨立自在的性格。在這前提下，若說兩件事物同一，這實際上就是說所謂「兩件事物」其實是同一件事物，因為兩件實的事物不可能完全同一，最少在時空上不能同一。倘若所謂兩件事物在時空上也同一，那根本就是同一件事物。在同樣前提下，若說兩件事物別異，則這兩件事物就

是完全獨立。因為獨立自在的事物必須是整一的，不包含兩個或以上的組成部分，否則就是依待他者，即依待該等組成部分而存在，那就不是獨立自在了。因此，倘若有實在的事物，事物之間只會是完全同一（其實是同一件事物）或完全別異，不能說部分同一，另一部分別異。勝論認為，六句義所說的都是實在的東西，例如實句包括了地、水、火、風等極微，他們認為，極微本身固然是實在的東西，由眾多極微結合而變成的事物，例如瓶，亦是別異於組成它的極微，成為一個獨立的實體。[19]既然勝論認為六句義（包括：實、德、業、同、異、和合）所指述的都是實在的東西，則這些東西之間只可能是完全同一或完全別異。如果同一或別異兩種關係都不能成立，則這些東西的實在性亦不能成立。論主即循著這個方向，在這兩品中逐一破斥同一和別異兩種關係，從而破除勝論的實在論觀點。

1.　外曰：應有神，有一瓶等，神所有故（修妬路）。若有神則有神所有，若無神則無神所有，有一瓶等是神所有，故有神。
　　內曰：不然。何以故？神已不可得故，今思惟有一瓶等，若以一有，若以異有，二俱有過。

　　在上一品，即〈破神品〉中，論主否定了數論和勝論所說的神我為實在的說法。在這裏，勝論師為救這種說法，從另一角度提出理由以證明神我存在。他指出，有、一、瓶等是神的所有，現見有、

19　參考服部正明、上山春平著《佛教の思想 4：認識與超越〈唯識〉》（東京：角川書店，昭和 54 年），頁 67-68。

一、瓶存在，而神是能有，故亦應存在。若沒有神，就沒有神所有。〔案：勝論師在這裏運用能與所的關係嘗試證明神存在。有、一、瓶是神的所有，既然所有存在，能有亦必存在，故此神必存在。〕

　　論主否定這說法。他在前一品已證明了神我不存在，現再思考有、一、瓶等的存在性。他向勝論師提問，有、一、瓶這些東西，是同一的，抑或是別異的存在呢？他指出，無論說是同一或別異，都有過失。〔案：勝論師先設定有、一、瓶等事物存在，再透過能、所關係，證明神存在。論主對於能、所的關係沒有意見，而是就著勝論師設定的前提，即有、一、瓶等事物存在這一點提出質疑。現象上存在的瓶，在勝論的理論中至少包含了三項東西，「有」即是存在，屬於同句，「一」屬於德句中的數，「瓶」則屬於實句。這裏還包含和合句，這「和合」將有、一、瓶結合起來，但「和合」並不能直接現見。勝論師認為有、一、瓶都是現前可見的，所以顯然是實在的。但論主不以為然。〕

2.　外曰：有一瓶等，若以一有，有何過？

　　內曰：若有一瓶一，如一，一切成，若不成，若顛倒（修妬路）。若有、一、瓶一者，如因陀羅、釋迦、憍尸迦，其有因陀羅處，則有釋迦、憍尸迦。如是隨有處則有一、瓶；隨一處則有有、瓶；隨瓶處則有有、一。若爾，衣等諸物亦應是瓶，有、一、瓶一故。如是其有一物皆應是瓶，今瓶、衣等物悉應是一。復次，有常故，一、瓶亦應常。復次，若說有，則說一瓶。復次，一是數，有、瓶亦應是數。復次，若瓶五身，有、一亦應五身；若瓶有形有對，有、一亦應有形有對；若瓶無常，有、一亦應無常。是名如一，一切成。若處處有，是中無瓶，今處處瓶，

是亦無瓶，有不異故。復次，事事有，不是瓶，今瓶則非瓶，
有不異故。復次，若說有不攝一、瓶，今說一、瓶，亦不應攝
一、瓶，有不異故。復次，若有非瓶，瓶亦非瓶，有不異故。
是名如一，一切不成。若欲說瓶，應說有；欲說有，應說瓶。
復次，汝瓶成故，有、一亦成，若有、一成故，瓶亦應成。以
一故，是名如一，一切顛倒（此中四紙辯名字無可傳譯）。

「因陀羅」（Indra）又稱帝釋天，原本是婆羅門教的神祇，後
來歸入佛教，成為佛法的守護神。

「釋迦」（Śākya）是帝釋天在世時所屬的部族（又是佛陀的部
族）。

「憍尸迦」（Kauśika）是帝釋天在世時的姓氏。

勝論師提問，若說有、一、瓶是同一地存在，有甚麼過失呢？
〔案：現前可見的是有、一、瓶三者結合而存在的瓶，故勝論師直
接地就想到是同一。〕

論主指出，如果說三者同一，就正如是同一東西，則會有三種
結果，首先是「一切成」，其次是「一切不成」，最後是「一切顛
倒」。

婆藪詳細解釋說，如果有、一、瓶是同一的，就好像因陀羅、
釋迦和憍尸迦〔案：這三個名稱實指同一個人。婆藪以此作比喻，
若有、一、瓶是同一，則三者實際上是同一事物，只是名稱不同。〕
既然是同一人，故有因陀羅處則有釋迦、憍尸迦。同樣地，有「有」
處則有「一」、「瓶」；有「一」處則有「有」、「瓶」，有「瓶」
處則有「有」、「一」。這樣，衣等種種事物都是瓶，因為有、一、
物是一，這「物」無論是甚麼，例如衣，都與有、一為同一，既然

與有、一為同一，就即是與瓶為同一。那麼，無論甚麼物都與瓶為同一，亦就是瓶。〔案：這顯然並不合理〕此外，有是恆常的〔案：「有」即是存在，是共通於一切事物的性格，在勝論的六句義中是最普遍的同句。存在的事物不會變為無，所以「有」是恆常的。〕，一、瓶亦應是恆常的。此外，若要說有，則說一、瓶便可。再者，一是數〔案：德句中的數〕，有、瓶亦應是數。再者，若說瓶有五身〔案：即瓶底、瓶身、瓶頸、瓶邊、瓶口〕，有、一亦應有五身。瓶有形體，有對礙，有、一亦應同樣有形體，有對礙。瓶若是無常，有、一亦應是無常。這就是「如一，一切成」的情況。〔案：按照婆藪的解釋，「如一，一切成」的意思應是，如果有、一、瓶是同一的，那麼，其中任何一者具有的性格，其餘二者都應同樣地具有。例如瓶具有堅硬、光澤的性格，有、一亦應具有這樣的性格。以上舉出的情況都是在這個前提下會產生的結果，這些結果都不合理，或是不符合勝論本身的義理。論主由此推翻有、一、瓶三者同一的說法。〕

　　再從另一角度說，倘若到處是有〔案：有是一切存在事物都具備的性格，所以這種性格在同句中有最高的普遍性。例如眼前有盆、花等，這些事物都具備有，因此處處是有。〕但這些有當中無瓶。若換成另一情況，眼前處處是瓶，而由於瓶與有同一，這情況就相等於處處是有。前面說的處處是有，當中無瓶；這裏處處是瓶，相等於處處是有，故亦應是無瓶。再者，種種事物都是有，而不是瓶〔案：例如盆是有，不是瓶；花是有，不是瓶〕，如今瓶是有，亦應不是瓶，原因是瓶與有同一。倘若說有不包含一、瓶，則「一、瓶」亦應不包含一、瓶，因為「一、瓶」與有同一。若說有不是瓶，則「瓶」亦不是瓶，因為「瓶」與有同一。這些情況就是「如一，

一切不成」。〔案：再從另一方面說，如果處處是盆，由於盆是有，即「處處是有」，而「當中無瓶」。若在另一情況下，例如屋中處處是瓶，亦由於瓶是有，故亦「處處是有」，既然跟前一種情況一樣是「處處是有」，應同樣是「當中無瓶」。再者，假設目前有碗、碟等，這些都是有，但不是瓶。若眼前有瓶，這瓶亦同樣是有，亦應同樣不是瓶。這都是在有、一、瓶同一的前提下所作的推論，但結果是當中無瓶，甚至瓶亦非瓶。這就是「如一，一切不成。」〕

　　同樣在有、一、瓶同一的大前提下，如果要指述瓶，可以說有；指述有，可以說瓶。此外，如果瓶成立，即是瓶存在，則有、一亦存在；如果有、一成立，瓶亦應存在。這就是「如一，一切顛倒」。〔案：如果有、一、瓶是同一，名稱應可對調，那麼，說有等同於指述瓶，說瓶等同於指述有，這種情況就是「如一，一切顛倒」。當然，這亦是不合理的情況。論主在這段文字中，指出了以有、一、瓶是同一為大前提，可推論出種種不合理的情況，由此顯出這個大前提的不合理性。本段最末的括號說「此中四紙辯名字，無可傳譯」，這句應是譯者的案語。按譯者所說，梵文原本在這裏相信有一些文字，但內容可能關於梵文本中的文字或語句在文法上的問題，而這些梵文文法的問題在漢語中不存在，故無可傳譯。這僅是筆者的推測，由於《百論》的梵文原本已失傳，故難以確定是否正確。〕

3.　外曰：物有一故無過（修妬路）。物是有，亦是一，是故若有瓶處必有有、一，非有、一處皆是瓶。復次，若說瓶，當知已攝有、一，非說有、一必攝瓶。

　　內曰：瓶有二，何故二無瓶（修妬路）？若有、一、瓶一，何

故有、一處無瓶？復次，云何說有、一不攝瓶？

勝論師作出辯解，他說「物有一故無過。」〔案：意思是實物包含有、一，故沒有以上所說的過失。〕

婆藪解釋說，事物是有，亦是一，故有瓶處必存在有和一，但並不表示有、一之處皆是瓶。如果說瓶，已包含了有、一；但不表示說有、一就包含瓶。〔案：按照勝論所說，六句義的實句即實體，而其餘五句所指的東西都必須依付於實體而存在，但實體則不須依付於其餘五者。如今瓶是實體，有是同句，一是德句中的數，所以有、一必須依付於瓶而存在。因此，說瓶就已包含了有、一，但說有、一卻不包含瓶。〕

論主回應說「瓶有二，何故二無瓶？」〔案：「二」指有和一，這裏的意思是，既然瓶包含有、一，為甚麼有、一不包含瓶呢？〕

婆藪解釋說，倘若以有、一、瓶是同一作為大前提，為甚麼有、一之處無瓶呢？為何說有、一不包含瓶呢？〔案：勝論師作出的辯解是以勝論的理論為基礎，而論主的回應則是以有、一、瓶是同一為大前提。二者得出的結論不同，由此可見勝論的義理跟有、一、瓶是同一的說法不相容。因此，勝論師一方面執持勝論的義理，另一方面又說有、一、瓶是同一，這種做法是矛盾的。〕

4.　外曰：瓶中瓶有定故（修妬路）。瓶中瓶有，與瓶不異，而異於衣物等。是故在在處瓶，是中有瓶有，亦在在處瓶有，是中有瓶，非在在有處有瓶。

　　內曰：不然，瓶、有不異故（修妬路）。有是總相，何以故？若說有則信瓶等諸物，若說瓶不信衣等諸物，是故瓶是別相，

有是總相，云何為一？

勝論師回應論主所說「瓶有二，何故二無瓶？」的質疑。他指出，「瓶中瓶有定故」，意思是瓶中存在著的是「瓶有」，而不是別的有。

婆藪解釋說，勝論師認為，瓶中存在著的瓶有與瓶不異，但不同於衣物等的有。〔案：這裏的意思是，「有」有多種，存在於瓶中的有是瓶有，這瓶有與瓶同一，但不同於其他事物，例如衣物等的有。〕因此，任何地方若有瓶，就有瓶有；任何有瓶有之處，就有瓶。而不是任何有「有」之處就有瓶。〔案：外道在這裏提出「瓶有」，「瓶有」是「有」的其中一種，是存在於瓶之中的一種有，但不同於存在於衣物中的有，或盆中的有。與瓶為同一的是瓶有而不是有，更不是衣物有、盆有等。外道認為這樣就可避免論主提出的「一切成」、「一切不成」、「一切顛倒」等過失。而同時間，瓶有亦可稱為有，外道認為這樣未有違反有、一、瓶是同一的大前提。〕

論主指出，「瓶、有不異故」，意思是，目前的大前提是瓶、有是同一，而不是說瓶、瓶有是同一。〔案：論主在這裏重申目前的大前提是瓶與有同一，用意是否定勝論師勉強地以瓶有來取代有的做法。〕

婆藪解釋說：有是總相，因為有包含了瓶等種種事物，但瓶有則不包含衣等種種事物，因此瓶有是別相。有是總相，瓶有是別相，怎會是同一呢？怎能夠以瓶有去取代有呢？

5.　外曰：如父子（修姤路）。譬如一人亦子亦父，如是總相亦是

別相，別相亦是總相。

內曰：不然，子故父（修妬路）。若未生子不名為父，子生然後為父。復次，是喻同我，汝則非也。

勝論師舉出喻例「如父子」。〔案：勝論師為回應論主的質疑，指有是總相，瓶則是別相，不能以別相去取代總相，他於是舉出喻例以顯示總相與別相能夠是同一的，故此可以互相替代。〕

婆藪解釋說，譬如同一個人，可以亦是子，亦是父。同樣地，同一事物可以亦是別相，亦是總相。〔案：同一個人，相對於他的父親，他是子；相對於他的兒子，則是父，因此他亦是子，亦是父。同樣地，同一事物，例如黃色衣，相對於衣，黃色衣是別相；相對於黃色短衣或黃色長衣，黃色衣則成為總相。因此，同一事物可以同時亦是別相，亦是總相。故此，勝論師認為，總相與別相能夠是同一，可以互相替代。〕

論主回應說「子故父」，意思是，基於有兒子才成為父。

婆藪的解釋亦是這個意思。他更指出，外道所舉的譬喻正是認同了論主的觀點，反而否定了外道自己的說法。〔案：論主在這裏指出父與子的稱號都是相對性的。同樣地，總相與別相的稱號亦是相對性的，有相對於瓶有是總相，瓶有相對於有是別相。若無瓶有與之相對，有不能稱為總相；若無有與之相對，瓶有亦不能稱為別相。在有與瓶有相對的情況下，有只能稱為總相，不能稱為別相；瓶有只能稱為別相，不能稱為總相。論主指出，勝論師所舉的父與子的譬喻，正正說明了在同一組相對的情況下，沒有一件東西亦是總相，亦是別相，稱為總相的與稱為別相的既然是不同的事物，故此不能互相替代。因此，勝論師所舉的這個譬喻正是認同了論主的

觀點，反而否定了勝論師自己的說法。〕

6. 外曰：應有瓶，皆信故（修妬路）。世人眼見，信有瓶用，是
   故應有瓶。
   內曰：有不異故，一切無（修妬路）。若瓶與有不異者，瓶應
   是總相，非別相。別相無故，總相亦無。因有別相故有總相。
   若無別相則無總相。是二無故，一切皆無。

勝論師為救「一切不成」的困難，直接地指出「應有瓶，皆信
故」，意思是現見有瓶，世人皆相信。

婆藪解釋說，世人皆眼見有瓶的形相，並信有盛水等作用，因
此應有瓶。〔案：論主在第 2 段從論理（比量）的角度，在有、一、
瓶是同一的大前提下，推論出「瓶亦非瓶」以及「如一，一切不成」
的結果。勝論師未能在論理的角度上作出有效回應，於是改從現量
去證明瓶的存在，以解決「一切不成」的困難。他以世人直接眼見
（即因明學中的世間現量）有瓶來確立瓶的存在。〕

論主回應說，由於瓶與有不異，因此一切無。

婆藪解釋說，如果瓶與有不異，由於有是總相，所以瓶亦應是
總相。這樣就沒有別相。無別相就無總相，因為眾多的別相是總相
的因。別相與總相皆無，則一切皆無。〔案：論主仍然循論理的角
度去推論。有是同句中外延最廣、概括性最高的同，因此是一切事
物的總相。若瓶與有同一，則瓶亦應是一切事物的總相。本品以有、
一、瓶為題材，這「瓶」作為例子，代表著一切實句中的事物，例
如水盆、杯、碟等。若瓶是總相，其他事物亦成為總相，當一切事
物都成為總相，那就沒有別相。理論上，總相是眾多有別相的事物

的共同性,若沒有別相,總相也不能成立,總相、別相均無,則一切皆無。然而,論主這種論理上的推論能否回應勝論師以現量證明瓶是現見存在的說法呢?論主無意否定瓶是現見地存在,甚至從不否認種種現見存在的事物。論主從論理上推出「一切皆無」的結論,並非著意否定事物的存在。他在這裏要否定的是以有、一、瓶是同一的說法。從這種說法可推論出「一切皆無」的結論,而這結論與世人現見所知並不相符,因此,有、一、瓶是同一的說法應被否定。論主在本品否定同一,在接著的一品否定別異,綜合起來就是否定自性。然而,論主仍然沒有否定事物的存在,他只是否定事物以具自性的方式存在,即是否定世間事物是實體性的存在。這正建立了事物是緣起,因而是空的根本立場。〕

7.　外曰:如足分等名身(修妬路)。如頭、足分等,雖不異身,非但足為身。如是瓶與有雖不異,而瓶非總相。

　　內曰:若足與身不異,何故足不為頭(修妬路)?若頭、足分等與身不異者,足應是頭,是二與身不異故。如因陀羅、釋迦不異故,因陀羅即釋迦。

　　勝論師提出一個譬喻嘗試挽救瓶是總相的問題,他指出「足分等名身」,意思是足分、手分、頭分等都與身不異。

　　婆藪解釋說,頭分、足分等雖然與身不異,然而並非單是一足就等同於身。同樣地,瓶與有雖然不異,但並非一只瓶就等同於有,因此瓶不是總相。〔案:在這個譬喻中,由於身包含了頭、手、足等,所以對應於頭、手、足,身是總相,而頭、手、足各自為別相。外道從常識上理解頭、足等都稱為身,他基於此而說頭與身不異,

足與身不異。但他同時又指並非單是足就等同於身。這種說法相信
只能用於日常說話中，不大講究論理結構的場合。在較嚴格的邏輯
推論下便會顯出問題。〕

　　論主仍然循著論理的角度去指出勝論師的說法的矛盾之處。他
說「若足與身不異，何故足不為頭？」

　　婆藪解釋說，倘若頭與身不異，足亦與身不異，足應是頭，因
為二者皆與身不異。正如因陀羅與釋迦不異，故因陀羅即是釋迦。
〔案：近似的推論在〈捨罪福品〉中的象手喻已出現過，外道似是
未有察覺到，所謂不異或同一，在自性的觀點下，並非表示二者，
即不同的事物的連結，而是指明是同一事物。〕

8.　外曰：諸分異故無過（修妬路）。分、有分不異，非分、分不
　　異，是故頭、足不一。
　　內曰：若爾，無身（修妬路）。若足與頭異，頭與足分等異，
　　如是但有諸分，更無有分名之為身。

　　勝論師指出，分與分之間相異，故沒有論主所指「足應是頭」
的問題。

　　婆藪解釋說，分（指部分）與有分（整體）不異，並非分與分
不異，因此，頭與足不相同。〔案：**勝論師仍然以常識的角度去回
應論主的質疑。**〕

　　論主回應說「若爾，無身」，意思是，倘若按照勝論師所說，
則沒有身。

　　婆藪解釋，倘若說足與頭別異，頭與足、手等各部分亦別異，
那麼就只有諸部分，而沒有整體的身。〔案：近似的論述在〈捨罪

福品〉的象手喻中提過。倘若頭、手、足、腹、背等等各部分為別異，在自性的角度說即是各部分為獨立的東西，那麼就只有這些獨立的部分存在，此外就沒有作為整體的身。〕

9.　外曰：不然，多因一果現故。如色等是瓶（修妬路）。如色分等多因現一瓶果，此中非但色為瓶，亦不離色為瓶，是故色分等不為一。足分等與身亦如是。

內曰：如色等，瓶亦不一（修妬路）。若瓶與色、聲、香、味、觸五分不異者，不應言一瓶，若言一瓶，色分等亦應一，色等與瓶不異故。

勝論師指出，多因現出一果，正如色等結合是瓶。

婆藪解釋說，正如色等多因現出瓶為果，當中並非單以色為瓶，但亦不能離開色而有瓶，因此色分、觸分等不是同一。同樣地，足、頭等不是同一，但身亦不離足、頭等分而存在。〔案：外道為救「無身」的問題，在這裏指出各部分與身的關係。他以各部分為因，身為果。眾多因之間是別異，但多因結合可成為單一的果，而果不能離開個別的因而存在。同樣地，足、頭、手等之間是別異，但這些別異的部分可作為因而結合成為單一的身，而身不能離開個別的部分而存在。因此，不是沒有身，只是不能除卻個別部分而有身存在。〕

論主回應說「如色等，瓶亦不一」，意思是瓶亦應如色等不是一個，應是多於一個。

婆藪解釋說，若說瓶與色不異，瓶與聲不異，以至瓶與觸不異等等，那麼就不應說一個瓶。若說一個瓶，色、聲、香、味、觸等分亦應是一。〔案：倘若色、聲、香、味、觸五者別異，而瓶與色

不異，以至瓶與觸不異，唯一可能的情況就是有多瓶，其中 A 瓶與色不異，B 瓶與聲不異，以至 E 瓶與觸不異。如果只有一瓶，而色、聲、香、味、觸五者各自與瓶不異，那麼，五者怎可能別異呢？同樣地，如說足、頭、手等別異，而足與身不異，頭與身不異，手與身不異，那就應有 A 身、B 身、C 身，若說只有一身，則足、頭、手等不可能別異。〕

10. 外曰：如軍林（修妬路）。若象、馬、車、步，多眾合故名為軍。又松、柏等，多樹合故名為林，非獨松為林，亦不離松為林。軍亦爾。如是非一色名為瓶，亦不離色為瓶。

　　內曰：眾亦如瓶（修妬路）。若松、柏等與林不異者，不應言一林，若言一林者，松、柏等亦應一，與林不異故。如松樹根、莖、枝、節、華、葉，亦應如是破。如軍等一切物，盡應如是破。

　　勝論師再舉喻以說明別相之間，以及別相與總相的關係，他舉出「軍林」為喻。「軍」指軍隊，「林」表示樹林。

　　婆藪解釋說，象、馬、車、步兵等結合名為軍，另外，松、柏等多樹結合成為林。單是一松樹不成為林，但亦不離開松樹而成林。單是一象不成為軍，但亦不離象而成軍。同樣地，並非單是色即名為瓶，但亦不離色而成瓶。

　　論主指出「眾亦如瓶」，意思是這些譬喻亦如瓶一般，有著同樣的問題。

　　婆藪解釋，如果松與林不異，柏亦與林不異，那就不應說一林。若說一林，松、柏等亦應同一，因為二者都不異於同一林。此外，

如果以松樹為總相，以根、莖、枝、華、葉為別相作為譬喻，或是
以軍為總相，以象、馬、車等一切物為別相作譬喻，這樣的譬喻都
會同樣地被破。

11. 外曰：受多瓶故（修妬路）。汝說色分等多，瓶亦應多。是故
欲破一瓶而受多瓶。
內曰：非色等多故瓶多（修妬路）。我說汝過，非受多瓶。汝
自言色分等多，無別瓶法為色等果。

　　勝論師指論主接受有多瓶的說法。〔案：論主在第 9 段指出，
**如果瓶與色、聲、香等別相是同一，而色、聲、香等之間別異，那
麼就不是一瓶，而應有多瓶。**〕
　　婆藪解釋，勝論師指論主在上文說色分等多，瓶亦應多，因此
指他欲破一瓶的說法，而接受多瓶的說法。
　　論主解釋清楚自己在上文所說，他沒有說色等多故瓶應為多。
〔案：論主指勝論師誤解了他的說話。〕
　　婆藪解釋，論主只是指出勝論師的過失，並非接受有多瓶的說
法。勝論師自言色分等多，但現時只有一瓶，沒有別的瓶作為色分、
香分等多分的果。〔案：**論主在上文的意思是，勝論師說色、聲、
香、味、觸等多分為因，而現成一瓶為果，同時又說色、聲等分為
別異，而每分各自又與瓶為同一，則按理不應只有一瓶。例如色分
與瓶同一，聲分與瓶同一，但色分與聲分別異，則與色分同一的瓶，
不可能跟與聲分同一的瓶是同一個瓶。然而，現時只有一瓶，故論
主認為勝論師說色分與瓶同一、聲分亦與瓶同一的說法不正確，亦
即是說，別相與總相同一的說法不正確。但勝論師卻誤以為論主接**

受有多瓶。另外，勝論師自言有色分、聲分、香分等多因，而每一分作為因，都與它的果（瓶）是同一的，但分與分之間卻是別異。既然因與果同一，眾多別異的因就不應生出同一的果，故果亦應有多個。然而，現時只有一瓶，沒有其他瓶作為眾多別異的因所生的果。〕

12. 外曰：有果，以不破因，有因故果成（修妬路）。汝破瓶果，不破色等瓶因。若有因必有果，無無果因。復次，色等瓶因，是微塵果。汝受色等故，因果俱成。

內曰：如果無，因亦無（修妬路）。如瓶與色等多分不異故，瓶不應一。今色等多分與瓶不異故，色等不應多。又如汝言，無無果因，今果破故，因亦自破，汝法因果一故。復次，三世為一（修妬路）。泥團時現在，瓶時未來，土時過去。若因果一，泥團中應有瓶、土。是故三世時為一，已作、今作、當作者，如是語壞。

　　勝論師說「有果」，由於沒有破因，有因故果成。〔案：論主在前段只指出沒有眾多的瓶作為眾多因的果。勝論師則理解為，論主只否定了有多果，但沒有提及因的問題，即是沒有破因，故色分、聲分、香分等因沒有問題。既然有因，就必有果，故果亦應成。〕
　　婆藪解釋，勝論師指論主破了作為果的瓶，但沒有破作為因的色、聲等分。既然有因就必有果，沒有無果的因。〔案：無果就不得稱為因。〕此外，色、聲等瓶因本身亦是微塵的果。論主既然接受色、聲等存在，微塵作為色、聲等的因亦應存在。那麼，微塵、色等、瓶這些因果都應成立。〔案：勝論師只是執著論主未有否定

色、聲等的存在，就斷定論主接受色、聲等是真實的存在。如果色、
聲等是真實，那麼它們的因，即微塵也應是真實，它們的果，即瓶
也應是真實。〕

論主指出，因亦如果一般，果無，因亦無。〔案：勝論師基於
色、聲等因未破，以因有而推論果亦有。論主則採取剛相反方向的
推論，既然已知果無，無果則無因，故因亦無。〕

婆藪解釋，如勝論師所說，瓶與色，瓶與聲等多分不異，因此，
瓶不應只有一個。若反過來說，現只有一瓶，而瓶與色等不異，故
色等亦應只有一，不應有多。又正如勝論師所說，沒有無果的因，
如今果已破，即無果，因亦應自破，因為勝論師說作為因的色分等，
與作為果的瓶是同一。

論主又說「三世為一」，意思是倘若按照勝論師所說的因果同
一，則過去、現在、未來亦應同一。

婆藪解釋，現前的是泥團，未來將成為瓶，而泥團過去是土，
即是說，泥土是過去的因，泥團是現在的果，泥團又作為現在的因，
將生起未來的瓶。如果因果同一，則泥團中應有瓶和土，那麼，過
去的已作，現在的今作和未來的當作，都成為同一，這樣就破壞了
時間次序。

13. 外曰：不然，因果相待成故，如長短（修妬路）。如因長見短，
因短見長。如是泥團觀瓶則是因，觀土則是果。

內曰：因他、相違、共過故。非長中長相，亦非短中及共中（修
妬路）。若實有長相，若長中有，若短中有，若共中有，是不
可得，何以故？長中無長相，以因他故，因短故為長。短中亦
無長性，相違故。若短中有長，不名為短。長短共中亦無長，

二俱過故。若長中有，若短中有，先說有過。短相亦如是。若
無長、短，云何相待？

　　勝論師面對「三世為一」的問題，這問題是來自因果同一的說
法，他在這裏作出否認，他說「不然，因果相待成故」，表示他並
不認同因果同一，而是承認因果相待。他舉喻例如長短。

　　婆藪解釋，勝論師認為，一件事物相對於長的事物則為短，相
對於短的事物則為長。同樣地，泥團對於瓶是因，對於土則是果。
所以沒有三世混同為一的問題。〔案：**勝論師以長與短相待作譬喻，
以說明因與果相待而成。按勝論的六句義，德（guṇa）之中有量
（parimiti，或作 parimita），這量指大、小、長、短的性格[20]，故長、
短在勝論的義理中都是實在的東西。勝論師認為長與短相待而成，
因與果亦應相待而成，但並非同一，故沒有三世為一的問題。**〕

　　論主提出「因他、相違、共過」三種困難去否定勝論的長短相
待的說法。

　　婆藪解釋，如果實有長相，這長相在甚麼地方呢？它或許在長
中有，或許在短中有，或許在亦長亦短，即共中有。然而，在這三
處都沒有長。為甚麼這樣說呢？長中沒有長相，原因是因短才成為
長，但長中沒有短，因此亦沒有長相。這是「因他」的困難。在短
中亦無長相，因為長與短相違，如果短中有長，這所謂「短」不應
稱為短。這是「相違」的困難。在亦長亦短中也沒有長相，因為這
會同時出現以上兩種困難。這是「共過」的困難。因此沒有實在的
長。短相亦同樣是面對上述三種困難，因此也沒有實在的短。既然

20　*A History of Indian Philosophy*, Vol.I, p.315.

長、短皆無，怎能說相待呢？〔案：這裏的「共過」表示同時有「因他」和「相違」兩種過失，這點可商榷。在因他過中，長相之所以為長，是由於有短與之對比，但在長中無短，在無可對比之下故長中無長相。但在長短共中卻有短作對比，故應無因他過。而相違過在長短共中仍是有的。因此，在長短共中仍無長相，但不應說為「二俱過故」，應只有相違過。〕

〔案：論主在本品中提出有、一、瓶同一則一切成、一切不成、一切顛倒，以及無因果、無長短等說法，並非否定現象中的瓶、因果、長短等事物。他是擬設站在勝論的立場，以自性的，或實在的角度去理解事物。在這個基礎上如果說事物同一，就會出現上述的種種困難，即是推論所得的結果跟現前所見事物的情況不相符，由此否定「同一」的見解。再配合下一品〈破異品〉，即成同一與別異齊破，那樣就可否定事物具自性的見解。既然沒有實在的事物為神所有，則外道所說的神並非能有，那就可否定神的存在。這樣就能確立無我、無法，我法二空的義理。〕

第四節　破異品

本品承接著前面的〈破一品〉繼續進行辯論。論主提婆在〈破一品〉的開首已指出，「有、一、瓶等，若以一有，若以異有，二俱有過。」前品破一，本品將破異。然而，論主要破的並不是一或異，而是破一有和破異有。這「有」指一種實在的，或自性的存在方式，倘若事物以自性的方式存在，則事物之間的關係只能是同一或別異。因此，一有和異有已窮盡了具自性的事物間的關係。倘若能破一兼破異，就即是否定了事物為有。換句話說，即是否定了事

物以自性的方式存在。因此，無論破一或破異，都不是否定事物的存在，而是否定事物以自性方式存在的見解。

1.　外曰：汝先言，有、一、瓶異，是亦有過，有何等過？

內曰：若有等異一，一無（修妬路）。若有、一、瓶異，各各無。瓶與有、一異者，此瓶非有、非一；有與一、瓶異者，非瓶、非一；一與有、瓶異者，非瓶、非有。如是各各失。復次，若瓶失，有、一不應失；有失，一、瓶不應失；一失，有、瓶不應失，以異故。譬如此人滅，彼人不應滅。

　　勝論師重提論主在前章所說的「若以一有，若以異有，二俱有過。」「一有」的問題已經討論過，他提問，如果說有、一、瓶為別異，還有甚麼過失呢？〔案：勝論師看來已承認有、一、瓶同一的說法有困難，既然說同一有問題，那麼，相違的說法，即是別異就應成立。因為他認為在辯論當中，雙方最初的觀點應是相違的，當辯論結束時，負方的觀點被否定，勝方的觀點，即是與負方相違的觀點應該獲肯定。[21]現時，同一的說法被破，因此，別異的說法應獲肯定。他因此提出這疑問。然而，論主的重點並非在同一或別異，而是在於「有」，即實在的存在或自性的存在方式。在有的前提下，無論說「一有」或「異有」，都會出現困難。但勝論師卻錯誤地以為重點在同一或別異，直至「異有」亦被破後才醒悟。[22]〕

21　外道的這種想法，在〈破空品〉表達了出來，在該品中會再交代。

22　筆者相信勝論師最後應有醒悟，因為這樣的辯論在佛教的因明學上稱為「為他比量」，即是為了令他者醒悟而進行的推論、論述。倘若外

論主指出，如果有和瓶跟一別異，則沒有一。〔**案：按勝論的
六句義，數（saṃkyā）是德（guṇa）的一種，而一就是一個數。我
們能夠將物件數算為一、二、三等，是由於物件當中有數這種屬性
存在，例如有兩個瓶放在一起，就有「二」（twoness, dvitva，或作
tvitā）的性格存在，因此，我們就會產生二個瓶的認知。[23]**〕

婆藪解釋，如果有、一、瓶別異，則三者都無。當瓶與有、一
別異，則瓶為非有、非一；當有與一、瓶別異，則有是非瓶、非一；
當一與有、瓶別異，一則是非瓶、非有。因此，三者都失去。再者，
由於三者別異，當瓶失去時，有、一不應隨之失去；當有失去時，
一、瓶不應隨之失去；當一失去時，有、瓶亦不應隨之失去。譬如
此人滅去時，彼人不應隨之滅去，因為此人與彼人別異。〔**案：其
中一與有、瓶別異，故一是非瓶、非有。既然一是非有，故論主說
「一無」。此外，如果瓶與有、一別異，則瓶為非有，故瓶亦無。**〕

2. 外曰：不然，有、一合故，有一瓶成（修妬路）。有、一、瓶
   雖異，瓶與有合故，瓶名有；瓶與一合故，瓶名一。汝言瓶失，
   有、一不應失者，是語非也。何以故？異合故。異有三種：一
   合異，二別異，三變異。合異者，如陀羅驃、求那。別異者，
   如此人、彼人。變異者，如牛糞團變為灰團。以異合故，瓶失
   一亦失，一失瓶亦失。有常故不失。

   內曰：若爾，多瓶（修妬路）。瓶與有合故有瓶，瓶與一合故

道未有由此得到醒悟，本論的意義將大打折扣，那就跟本論在佛教史
上的地位不相稱。
23 *A Hisorty of Indian Philosophy*, Vol.I, p.314.

一瓶，又瓶亦瓶，是故多瓶。汝言陀羅驃、求那合異故，瓶失
一亦失，一失瓶亦失者，我欲破汝異，云何以異證異？應更說
因。

勝論師否認論主的說法，他指出，瓶與有、一結合，故有一瓶
成。

婆藪解釋，勝論師認為，有、一、瓶雖然別異，但可以結合，
瓶與有結合後，瓶是有；瓶與一結合後，瓶是一。另外，就論主的
「若瓶失，有、一不應失」的說法，勝論師亦予以否定。原因是，
三者雖然別異，但結合起來。他又指出「異」有三種，包括合異、
『別異』和變異。[24]合異指如和合了的實體（dravya，音譯陀羅驃）
與德（guṇa，音譯求那）。『別異』指兩個實體，如此人與彼人的
關係。變異指實體因自身改變而成為異，如牛糞團變為灰團。勝論
師指出，有、一、瓶作為三項別異的東西，但結合起來，因此，當
瓶失去，一亦隨之失去；當一失去，瓶亦隨之失去。但有是恆常的，
故不會失。〔案：論主在前段以有、一、瓶三者別異，故各自只具
有本身的性格，而沒有其餘二者的性格，因而出現瓶非有、非一等
問題。勝論師則以結合來解釋三者互相具有其餘二者的性格，例如
瓶與有合故瓶名有。另外，他又以「異合」，即別異的東西的結合
來解釋瓶失一亦失的情況。他所說的三種異，其中合異指實體與其
他句義的和合，例如瓶為實體，一為德句中的數，二者和合成為一
瓶，和合是不能分離的一種結合。這一瓶就是和合了的別異東西。

24　筆者以別異來表達文中「異」的意思，而這裏的『別異』則另有特定
　　的意義，故加上『　』，以茲識別。

而『別異』則是兩個實體之間的異，兩個相異的實體不能和合，它們只能合（samyoga，德句的一種），即是放在一起，而不能整體地結合。變異指實體因自身的改變而成為不同的東西，這實體前後的不同即為變異。勝論師指有、一、瓶的異是合異，是同句、德句和實句的東西在和合的情況下而說的異。一與瓶和合則不能分離，故瓶失一亦失。但論主在前段說的「此人滅，彼人不應滅」的譬喻則不同，此人與彼人是『別異』，不能和合，即使走在一起，即是合，仍然能分離，故此人滅，彼人可不滅。因此，勝論師認為，論主這個譬喻並不適用。〕

　　論主回應，若按照勝論師的說法，就有多瓶。

　　婆藪解釋，若根據勝論師所說，瓶與有和合為有瓶，瓶與一和合成一瓶，而瓶本身是瓶，因此成為有三瓶。〔案：由於勝論師以有、一、瓶為別異，因此有瓶、一瓶、瓶亦應別異。故此有三瓶。這結果顯然不合理。〕另外，按勝論師所說，陀羅驃與求那合異，故瓶失一亦失，一失瓶亦失。然而，論主正是要破別異的說法，勝論師卻以合異為理由說瓶失一亦失，這豈不是以異證異？應道出理由來。〔案：在辯論的規則上，當一方提出一個論點（宗），他應提出理由（因）來證明這個宗是正確的。在成功證立這個宗是正確之前，他不應以這個宗作根據去進行推論。現時勝論師正在以有、一、瓶別異為宗，論主則要破有、一、瓶別異的說法。但在辯論的過程中，勝論師卻以「合異」為依據去推出「瓶失一亦失」，藉此救有、一、瓶別異的宗。而「合異」正是假設了有、一、瓶為別異，這正是現時辯論的宗，仍然未獲得證立，故不能用作依據作出推論。況且，勝論師更以這「合異」為依據試圖去證立自己所持的「有、一、瓶別異」的說法，故婆藪批評他「以異證異」。然而，倘若再

仔細分析，論主在前段假設有、一、瓶為別異，而推出「瓶失，有、一應失」的結論，當然，這結論是一種不合理的情況。但勝論師以「合異」為依據卻推出「瓶失一亦失」的結論，這結論剛與論主的結論相違。原因是，論主的假設是有、一、瓶異，而勝論師的依據則是有、一、瓶雖異而合，重點在合。由於異，故瓶失，有、一不應失；由於合，故瓶失，一亦失。從這角度看，勝論師並沒有犯上以異證異的過失。我們再看這段引文，論主只提出「多瓶」的問題，未有提出「以異證異」的批評，因此，筆者相信這個批評只是注釋者婆藪的說法。再者，「瓶失，有、一不應失」的說法出現在第 1 段的注釋部分，在修妬路中未有提及，而在第 2 段的修妬路中，勝論師亦未就這問題作回應。外道對這問題的回應亦只出現在注釋部分，從這兩段文字看，注釋部分除了就修妬路作疏解外，其餘文字似是注釋者與另一論師（相信是外道）的對話。相信這種情況可印證筆者在本書開首的〈緒論〉中的說法，即是本論可能是注釋者婆藪與外道就提婆《百論》的內容進行對話或辯論的紀錄，而非單就提婆《百論》的原文作注釋。〕

3.　外曰：總相故，求那故。有、一非瓶（修妬路）。有是總相故非瓶，一是求那故非瓶，瓶是陀羅驃。

　　內曰：若爾，無瓶（修妬路）。若有是總相故非瓶，一是求那故非瓶，瓶是陀羅驃故，非有非一，是則無瓶。

　　勝論師在這裏提出認為有、一、瓶是別異的依據。

　　婆藪解釋，勝論師指出，有是總相（同句，sāmānya），一是求那（德句，guṇa），而瓶是實句（dravya），故有、一不是瓶。

論主回應，若按照勝論師所說，則無瓶。

婆藪解釋，有是總相，故非瓶；一是求那或德，亦非瓶；而瓶是陀羅驃或實體，非有非一，既然非有，即沒有瓶。因此，有、一、瓶之中皆沒有瓶。

4. 外曰：受多瓶（修妬路）。汝先說多瓶，欲破一瓶，更受多瓶。

內曰：一無故多亦無（修妬路）。汝言瓶與有合故有瓶，瓶與一合故一瓶，又瓶亦瓶。若爾，世界言一瓶，而汝以為多瓶，是故一瓶為多瓶。一為多故，則無一瓶。一瓶無故多亦無，先一後多故。復次，初數無故（修妬路）。數法初一，若一與瓶異，則瓶不為一。一無故多亦無。

勝論師指論主剛才說有多瓶。〔案：在第 2 段中，論主說「若爾，多瓶」。〕

婆藪解釋，勝論師指論主以多瓶來破一瓶，更是接受有多瓶。〔案：在前品〈破一品〉中，論主曾以多瓶破一瓶的說法（第 11 段），婆藪更在注釋中表明「非受多瓶」（修妬路中並未這樣說）。故外道（這可能是婆藪面對的外道，而不是論主提婆所面對的勝論師）在這裏要特別指明論主（或婆藪）剛才以多瓶破一瓶，而且「更受多瓶」，以防論主再以「非受多瓶」來開脫。〕

論主當然不能接受多瓶的說法，但這次必須提出充分的理據。論主先說「一無故多亦無」。〔案：在第 1 段，論主已指出「若有等異一，一無」。〕論主再說「初數無故」。〔案：這兩句修妬路應放在一起，因為第二句是用以解釋第一句，但婆藪卻把兩句分開作注釋。〕論主的意思是，由於一無，所以多亦無，原因是初數無。

〔案：一是數之中最初的。為甚麼不是零呢？按勝論的六句義，數是依附於實體而存在的一種德，倘若說某實體具有零的德，零表示無，則該實體就是不存在，不存在則不能稱為實體。因此，零不是一個實際存在的數，故一是最初的數。而其餘的數都是以一為基礎累積而成的。所以，如果一無，則多亦無。〕

婆藪就第一句解釋說。按照勝論師所說，瓶與有結合成有瓶，瓶與一結合成一瓶，另外，瓶本身亦是瓶。〔案：由於有、一、瓶別異，故有瓶、一瓶、瓶亦應別異，因此成為三瓶。〕這樣，一般人說的一個瓶，勝論師則說成是多瓶。既然一瓶也被認為是多瓶，那麼，一瓶就不存在。由於先一後多，即是由一累積才能成為多。既然一瓶不存在，那就不會有多瓶。他再就第二句解釋，數的最初是一，如果一與瓶異，則瓶不為一，既然無一，故多亦無。

5. 外曰：瓶與有合故（修妬路）。瓶與有合故瓶名有，非盡有。如是瓶與一合故瓶名一，非盡一。

內曰：但有是語。此事先已破，若有非瓶則無瓶。今當更說瓶應非瓶（修妬路）。若瓶與有合故瓶有，是有非瓶。若瓶與非瓶合者，瓶何以不作非瓶？

勝論師再回應說「瓶與有合故」。〔案：論主在前段指一無，多亦無，那就即是無瓶。這即是說，在勝論的理論之下則無瓶，這顯然不合理。因此，勝論師必須回應無瓶之說，而同時又要顧及有、一、瓶別異的說法，於是以「合」字解釋。〕

婆藪解釋說，勝論師認為瓶與有合故瓶名有，但並非等同於有；同樣地，瓶與一合故瓶名一，但亦非等同於一。〔案：按這種說法，

有瓶、一瓶都可成立，同時，有、一、瓶仍然是別異。〕

論主指勝論師的說法沒有依據。在第 3 段，論主指出，若有非瓶則無瓶，已破了勝論師的說法。現在更要進一步說瓶應非瓶。

〔案：論主在第 3 段已指出，若按照勝論師所說有、一非瓶，則無瓶。所以他指勝論師仍堅持說有瓶、一瓶可成立，是完全沒有依據的。〕

論主為何說瓶應非瓶呢？婆藪解釋，若按照勝論師的說法，瓶與有合而成瓶有，而瓶非盡有，即是說有不與瓶等同，那麼，有就是非瓶。瓶與有結合就即是瓶與非瓶結合，為何瓶不成為非瓶呢？

〔案：婆藪的解釋仍然是本著以有、一、瓶為別異作前提。既然有不是瓶，就即是非瓶。勝論師說「瓶與有合故瓶名有」，現在有是非瓶，故應可以說瓶與非瓶合故瓶名非瓶。〕

6.　外曰：無無合故非非瓶（修妬路）。非瓶名無瓶，無則無合，是故瓶不作非瓶。今有有故應有合，有合故瓶有。

　　內曰：今有合瓶故（修妬路）。若非瓶則無有，無有則無合。今有合瓶故有應為瓶。若汝謂瓶未與有合故無，無故無合。如先說，無法故無合。如是未與有合時瓶則無法，無法故不應與有合。

勝論師回應，「無無合故非非瓶」，意思是「無」沒有結合故不成為非瓶。

婆藪解釋說，非瓶即是無瓶，既然是無則沒有結合，因此，瓶不成為非瓶。而「有」則是有，故應有結合，瓶與有能結合故瓶為有。〔案：勝論師以為非瓶即是無瓶，亦即是無。論主在前段指出，

瓶與非瓶合故瓶名非瓶，勝論師則指出瓶不能與非瓶合，因為非瓶是無，瓶與無不能結合，故不會瓶名非瓶。然而，勝論師說非瓶是無，筆者認為這顯然不正確，因為非瓶可以是其他東西，例如盆，而不是無。但論主並沒有就這一點提出質疑，而是從另一方面著手。〕

　　論主指出，現在有結合瓶故。〔案：有結合瓶是勝論師的說法，論主現運用勝論師所說反破勝論師自己的理論。〕

　　婆藪解釋說，若按照勝論所說，非瓶則無有，無有就無可結合。現有結合瓶故有應為瓶，若瓶未與有結合之時，瓶應為無。按以上所說，無不能結合，故瓶不應能夠與有結合。

7.　外曰：不然，有了瓶等故，如燈（修妬路）。有非但瓶等諸物
　　因，亦了瓶等諸物，譬如燈能照諸物。如是有能了瓶故，則
　　知有瓶。
　　內曰：若有法能了如燈，瓶應先有（修妬路）。今先有諸物，
　　然後以燈照了。有若如是者，有未合時，瓶等諸物應先有。若
　　先有者，後有何用？若有未合時無瓶等諸物，有合故有者，有
　　是作因，非了因。復次，若以相，可相成，何故一不作二（修
　　妬路）？若汝以有為瓶相故知有瓶者，若離相，可相之物則不
　　成。是故有亦變更有相，若更無相知有法為有者，瓶等亦應爾。
　　燈喻先已破。復次，如燈自照，不假外照；瓶亦自有，不待外
　　有。

　　勝論師指出，有能夠展現瓶等事物的相狀，譬如燈能照亮事物，顯出事物的形相。

婆藪解釋，勝論師認為，有不但是瓶等事物的因，亦能展現出瓶等事物的相狀，正如燈能照亮事物。由於有能展現瓶，故知有瓶。〔**案：按勝論師的解釋，瓶本身已是存在，故能與有結合，當瓶與有結合就能展現出瓶的形相。**〕

論主指出，如果有能夠展現事物，如燈能夠照亮事物，則應先有瓶。〔**案：燈未照時瓶應先有，當燈亮時瓶即被照亮。同樣地，當有未與瓶結合時，瓶亦應先有，當有結合瓶時，瓶即被展現出來。**〕

婆藪解釋，事物應先有然後以燈去照亮時就能看見。如果有像燈一般，則在有未與事物結合時，事物應先有。既然事物已先有，再與有結合有甚麼作用呢？倘若未與有結合時無瓶等事物，與有結合才成為瓶，則有就是作因，而不是了因。〔**案：所謂「了因」，指令事物展現其形相的因素。例如燈，沒有燈時，瓶未能展現，燈亮就能令瓶展現。而作因則是作成事物的原因，例如泥是瓶的作因。**〕

論主再進一步說，如果以有作為相，可相之物，例如瓶才能成，為甚麼只有一個有，沒有第二個有呢？[25]

婆藪解釋說，倘若勝論師以有作為瓶的相，因而知有瓶，如果沒有相，可相的事物則不成，那麼，這個有本身亦需要第二個有作為它的相。如果有不需要第二個有作為相便可知它存在，則瓶亦應

---

25 就「何故一不作二？」這句話，《百論疏》有不同的解釋。吉藏說：瓶既有相，後有可相，二義方成者，大有何故唯是能相之一，不具能相所相二也？（大 42.278b-c）他的意思是，既然瓶有二義，何故有只具一義而不是如瓶一般具二義呢？他所說的二義應指能相和所相。有對於瓶是能相，瓶是所相。瓶只有所相一義，哪具能相之義呢？故筆者認為吉藏的解釋不通。

不需要有作為相亦可知瓶存在。燈之譬喻已在〈破神品〉中破了。
〔案：在〈破神品〉第7至8段，外道以燈譬喻因緣，燈是了因而
非作因，故因緣能令覺有用，但不能生覺。該譬喻已為論主所破。
在這裏，勝論師又再以燈譬喻有，希望顯示有是了因，而不是作因。
這譬喻亦可同樣地被破，故論主不再重複。〕此外，婆藪反過來以
燈作為譬喻，如燈能照，不需其他東西來照，同樣地，瓶自身已經
是有，不需要另一個有來使它成為有。〔案：當然，論主或婆藪這
樣說，只是假設站在外道的實在論的立場上說，從而顯出外道這套
實在論自身的內部矛盾。〕

8.　外曰：如身相（修妬路）。如以足分知有分為身，足更不求相。
　　　如是以有為瓶相故知有瓶，有更不求相。
　　　內曰：若分中有分具者，何故頭中無足（修妬路）？若有身法
　　　於足分等中，為具有耶？為分有耶？若具有者，頭中應有足，
　　　身法一故。若分有者，亦不然。何以故？有分如分（修妬路）。
　　　若足中有分與足分等。餘分中亦爾者。則有分與分為一。是故
　　　無有有分名為身。如是足分等自有有分亦同破。有分無故。諸
　　　分亦無。

　　　〔案：勝論師目前的困難是，以有作為瓶相故知有瓶，這個有
亦需第二個有作為相才知這個有存在，第二個有亦需要第三個有，
如此無窮追溯。〕勝論師以「身相」為譬喻嘗試解決這個問題。
　　　婆藪解釋，例如以足分（足部）可知有分（具有部分的，即是
整體，指身軀）存在，既然已知有身，足分則不再需要有獨立的相
以顯出來。〔案：因為身已包含了足分。〕同樣地，以有作為瓶的

相可知有瓶，既知有瓶，有則不需另有獨立的相。〔案：因為瓶已包含了有，因此就不需要第二個有。〕

〔案：如果按勝論師的說法，以足分可知有分，即表示足分中已具備有分，論主基於這樣的理解作出回應。〕論主指出，如果分之中已具備有分，為甚麼頭之中沒有足呢？〔案：論主的意思是，如果部分之中已具備了全身，例如頭之中已有全身，由於全身包含了頭、足、尾等等，故頭之中應有足，為甚麼沒有呢？〕

婆藪解釋，如果身存在於足等部分之中，足等部分之中是具有全身，抑或只具有部分身呢？換句話說，如果說足具有身，足是具有全身呢，抑或只具有身之中的足部呢？如果說具有全身，則頭中應有足。如果說只具有身之中的足部，論主說「有分如分」。〔案：意思是，所謂足中具有的身，這身只是足部，那麼，有分就等同於分。〕

婆藪解釋，如果足分之中的有分只是等同於足，其餘部分亦是一樣，例如頭中的有分等同於頭，尾中的有分等同於尾，則有分與分是同一。這樣就沒有一個有分為全身，即是沒有全身。那麼，勝論師說足分等之中具備有分的說法就被破，因為沒有全身，部分亦不能有。

9. 外曰：不然。微塵在故（修妬路）。諸分不無，何以故？微塵無分，不在分中。微塵集故，能生瓶等果。是故應有有分。

內曰：若集為瓶，一切瓶（修妬路）。汝言微塵無分。但有是語，後當破。今當略說，微塵集為瓶時，若都集為瓶，一切微塵盡應為瓶。若不都集為瓶，一切非瓶。

勝論師否定論主的說法，理由是微塵存在。〔案：論主提出的
詰難是，全身不存在，部分亦就不存在，那樣即是沒有東西存在。
這「存在」當然是以實在論的立場說的，即是具自性的存在。〕

婆藪解釋，勝論師認為各部分並非不存在，因為微塵存在。微
塵沒有分〔案：即是不能再分成更基本的單位，因此沒有整體與部
分的關係。〕故未有被破。而微塵集合起來能產生瓶等結果，所以
應有有分。

論主指出，如果微塵能夠集合成為瓶，則一切東西都是瓶。

婆藪解釋，外道說微塵無分，這只是外道自己的說法，稍後將
會破斥。〔案：這句話似是婆藪面對著外道而說，修妒路中沒有這
意思。〕就初步來說，假使微塵能夠集合成為瓶，如果微塵全都集
合為瓶，則一切東西都是瓶；如果微塵全都不集合為瓶，則一切都
不是瓶。〔案：按勝論的理論，單獨的微塵沒有方分，亦無對礙。
但是當集合起來，其性質就改變，成為有方分，有對礙，成為現實
所見的事物。論主和婆藪都不接受這理論，質疑無方分的微塵怎能
集合成有方分、有對礙的事物。對於這點，稍後會再作辯論。但初
步來說，假使微塵有能力集合成為眼前的事物，而微塵本身全都是
同一性格，無方分，無對礙，它們集合起來只會成為同一的東西，
若全都集合成瓶，則一切都是瓶，若全都集合成非瓶，則一切都非
瓶。所以，微塵能夠集合成為現前事物的說法不能成立。〕

10. 外曰：如縷渧集力。微塵亦爾（修妒路）。如一一縷不能制象，
　　一一水渧不能滿瓶，多集則能。如是，微塵集故，力能為瓶。
　　內曰：不然。不定故（修妒路）。譬如一一石女，不能有子；
　　一一盲人，不能見色；一一沙，不能出油，多集亦不能。如是

微塵，一一不能，多亦不能。

勝論師舉喻證明——微塵集合能變為具體事物，譬如縷絲（幼細的線）和水渧（與「滴」相通）集合了個別的力量能成就結果。

婆藪解釋，勝論師舉例如個別的縷絲不能綑縛象，個別的水滴不能盛滿瓶，但眾多集合起來則能夠做到。微塵也同樣可以集合起來而成為瓶。

勝論師認為雖然個別微塵不能成物，但眾多微塵集合起來定能成就種種事物。論主不同意這說法，故說「不然」，理由是「不定」。〔案：「不定」表示當個別部分不能成就事物，即使眾多集合起來，也不一定能成就事物。〕

婆藪解釋，譬如個別的石女不能有子，眾多石女集合起來也是不能；個別盲人不能見色，眾多盲人集合起來也是不能見色；個別沙粒不能出油，眾多沙粒集合也不能。同樣地，個別微塵不能成物，眾多微塵集合也不能。〔案：婆藪舉出多個例子來證明當個別不能成物，眾多集合也是不能成物，因此，外道微塵之說未能充分證明。關於微塵之說，勝論師舉出了縷、滴為譬喻作支持，而論主方面則舉出石女、盲人、沙粒為喻去反駁，但論主未有否定縷、滴的譬喻。就著微塵之說，正反雙方都能舉出喻例，這情況屬因明學中的「不定」[26]，因此，勝論師所提的微塵之說未能確立。〕

11. 外曰：分分有力故非不定（修妬路）。縷渧分分有力，能制象、

26　詳細可參考李潤生導讀《因明入正理論》（香港：博益出版社，1994），下冊，頁 31-33。

滿瓶。石女、盲、沙，分分無力故，多亦無力。是故非不定，
不應以石女、盲、沙為喻。

內曰：分、有分一、異過故（修妬路）。分、有分若一、若異，
是過先已破。復次，有分無故分亦無。若有分未有時，分不可
得，云何有作力？若有分已有者，分力何用？

〔案：勝論師若要確立微塵之說，他必須區分正反雙方的喻
例，並證明反方的喻例無效，才能確立微塵之說。〕勝論師指出，
縷、滴分分有力，故並非不定。〔案：「分分有力」表示每一絲縷
都有綑縛象的能力，但是一絲的力量不足，因此，眾多縷集合就有
足夠力量綑縛象。另外，每一水滴都有充盈瓶子的能力，但是一滴
的力量不足，眾多水滴集合則能盛滿瓶子。〕

婆藪解釋，勝論師指出，縷、滴分分有力，故眾多集合起來就
能綑縛象、盛滿瓶。但石女、盲人、沙粒分分無力，即使眾多亦同
樣無力。故石女、盲人、沙粒之喻都不是合適的譬喻。既然沒有有
效的反方喻例，微塵之說就並非不定，應可確立。〔案：勝論師的
意思是，微塵分分有成物的力量，但一一微塵力量不足以成物，眾
多集合時就有足夠力量成就事物。正如縷絲分分有力，眾多集合就
有足夠力量綑縛象；水滴亦是分分有力，集合起來就能盛滿瓶子。
這些都是支持微塵之說的喻例。至於石女、盲人、沙粒之喻，每一
石女非但力量不足，更是完全無力生子；每個盲人非但力量不足，
更是完全無力見色；每一沙粒非但力量不足，更是完全無力出油。
個別一分無力，眾多集合起來亦是無力，故不能成就事物。微塵卻
分分有力，故應以縷、滴等分分有力的事物作喻例，而不應以石女、
盲人、沙粒等分分無力的事物作喻例。既然微塵之說有著支持的喻

例，而無有效的反例，故應可成立。〕

勝論師以微塵為分，集合而成的事物為有分，並且認為二者皆是實體（dravya）。論主就順著這種說法加以破斥。他指出，無論說分與有分是一或是異都有過失。

婆藪解釋，分與有分的關係或是同一，或是別異，兩種說法先已破。〔案：在〈破一品〉的第 7 和第 8 段破同一，在本品的第 2 至第 3 段破別異。〕此外，由於有分無，故分亦無。在個別微塵未集合成事物時，有分還未出現。既然未有整體，哪有部分呢？既然未有部分，個別部分哪有力呢？及至有分出現時，有分既然已成立，更何需個別部分之力呢？

12. 外曰：汝是破法人（修妒路）。世人盡見瓶等諸物，汝種種因緣破，是故汝為破法人。

內曰：不然。汝言有與瓶異，我說若有與瓶異，是則無瓶。復次，無見有，有見無等（修妒路）。汝與破法人同，乃復過甚。何以故？頭、足分等和合現是身，汝言非身，離是已別有有分為身。復次，輪軸等和合現為車，汝言離是已別有車。是故汝為妄語人。

勝論師指責論主是破法人。

婆藪解釋，一般人都見到有瓶等種種事物，但論主則以各種理由推論，結果是種種事物都不能成立。這顯然跟現前所見的情況相違背。勝論師指論主將種種已成就的事物都說成不能成立，故稱他為破法人。

論主澄清，他只是就勝論師所說「有與瓶異」作推論，而推論

的結果是無瓶。〔案：對於這結果，無論是論主、一般人，甚至外道也認為不合理。然而，這不合理的結果並非由於推論的問題，而是由於外道最基本的設定，以一切事物為實有。在實有的大前提下，無論說「以一有」或「以異有」都不能成立。〕論主又指責對方「無見有，有見無」，意思是把無的視為有，有的視為無。

　　婆藪解釋，勝論師才是跟破法人一般，甚至有更深的過失。原因是，在現象上，頭、足等各部分和合成為身，但在勝論的理論下卻變成無身，這是「有見無」的過失。〔案：如本品第 8 段所述。〕此外，各部分和合成身，身依各部分而成立，除卻各部分就沒有另一個身。但勝論的理論卻認為身是另一獨立的實體，這是「無見有」的過失。又例如，輪軸等各部分和合成為車，但勝論以為除卻輪軸等各部分，另有一獨立的車的實體。這即是無見有。所以說勝論師是妄語人。〔案：勝論師原本指責論主把現前所見應為有的東西都說為無，這即是有見無，故稱他為破法人。論主則反指勝論師是破法人，因為在勝論的理論下，無論有、一、瓶以一有或以異有，結果都是無瓶。這即是有見無，故說勝論師是破法人。再者，論主更指勝論師的過失甚於破法人，因為勝論的理論認為，除卻各部分之外，另有一個實體為整體。這即是無見有。故論主指勝論師為妄語人。〕

小　結

　　勝論認為語言文字對應於實在的東西，《勝論經》所說的句義（padārtha）就是指語言文字的意義，即是語言文字所指述的東西，勝論師認為，這些東西都是實的，因此，有、一、瓶這幾個字，各自都代表著一件實在的東西。有是一種同（sāmānya）；一是數

（sāṃkhya），是德（guṇa）的一種；瓶則是實體（dravya）。他們認為，有、一、瓶三者結合，才成為現實中所見的一個瓶。倘若從提婆的角度看，既然勝論認為眼前所見的一個瓶，同時涉及了三個實在的東西，則這三個東西應存在著某種關係，若從同一性來看，三者之間或是具有同一性，或是不具有同一性。提婆在〈破一品〉中依勝論師所言，假設三者具有同一性；在〈破異品〉中亦依勝論師所言假設三者不具有同一性，即是說三者為別異的。他嘗試站在勝論的實在論的立場上，就這兩種假設分別作出推論。在同的假設上得出了「一切成」、「一切不成」、「一切顛倒」、「一切無」等結果；在別異的假設上則得出「一無」、「多瓶」、「無瓶」、「一切瓶」等結果。這些結果都跟現前所見一個瓶的情況不符合。這即表示，在實在論的立場上，無論說事物間的關係是同一或是別異，都會推論出不符合現前所見的結果。基於此，提婆可指出，勝論所持的實在論的觀點並不能解釋現前所見事物的情況，因此是錯誤的見解，應予放棄。再進一步說，勝論基於這些實在的東西為神所擁有，從能與所的關係來看，實在的東西是所有，則應有一個實在的東西作為能有，他們指出，這實在的能有就是神，因此說神存在。現在，既然提婆能證明不能將事物視為實在的東西，故不能說有另一個實在的東西作為能有。因此不能說神是實在的存在。既然神不是實在的，又不是現象上能接觸的，故沒有神。

第五節　破情品

在〈破一品〉和〈破異品〉中，勝論師原本打算以有一瓶等為神所有，既有「所有」，故應有「能有」，神是能有，故應有神，

由此挽救在〈破神品〉中被論主破斥了的神我存在的義理。然而，結果是有、一、瓶都不能成立，以致未能挽救神我存在的義理。在〈破神品〉中，勝論師曾提出神、情、塵、意合故生知，而神的存在的說法已在該品中被破，繼而在〈破一品〉和〈破異品〉中亦未能成功挽救，故勝論師嘗試從情、塵、意方面著手，希望可確立三者的存在，再進而挽救神存在的義理。按勝論所說，情是內在於身中的認知機能，即眼、耳、鼻、舌、身五根。塵則是身外的種種事物。意即是意根，是思維的機能。

　　論主洞悉勝論師的用意，在本品〈破情品〉和接著的〈破塵品〉中破斥情、塵為實在的說法，目的是徹底袪除對我、法實在的執著。為何論主沒有破意呢？按吉藏《百論疏》所說，「今言破情者有二義，一者正破外道無六計六，傍破內人橫謂之六。」（大 42.281a）「外道」即是勝論、數論等，「內人」指小乘佛教，如說一切有部。外道和內人把六根視為實在，論主破斥這種實在的思想，指出六根本性空。此六根即是眼、耳、鼻、舌、身五根加上意根。故〈破情品〉已同破意根為實在。

1.　外曰：定有我所有法，現前有故（修妬路）。情、塵、意合故知生。此知是現前知，是知實有故情、塵、意有。
　　　內曰：見色已，知生何用（修妬路）？若眼先見色然後知生者，知復何用？若先知生，然後眼見色者，是亦不然。何以故？若不見色，因緣無故生亦無（修妬路）。若眼先不見色，則因緣不合，不合故知不應生。汝言情、塵、意合故知生。若不合時知生者，是則不然。

　　勝論師提出必定有神我所擁有的事物，原因是這些事物在現前可知。

　　婆藪解釋，勝論師認為情、塵、意結合故生起知。由於現前有知，因此必定有情、塵、意。〔案：情是五根，塵是五根的對境，意則具備統馭五根的思想機能。勝論認為情、塵、意都是神我所擁有的，神我運用意，透過五根認識對境，就能生起知。既然現前可知道有知，故必定有情、塵、意。情、塵、意為所有，有所必定有能，故必定有作為能有的神。〕

　　論主回應說，如果已經見到色，知生起來有甚麼用呢？

　　婆藪解釋，如果眼已先見到色，然後才生起知，既然已經見到色，知還有甚麼用呢？相反，如果先有知，然後眼才見到色，這亦不合理。

　　論主再指出，若未見色，即是無因緣，故沒有知生起。

　　婆藪解釋，如果眼未見色，則是因緣不和合，故知不應生起。正如勝論師說，「情、塵、意合故知生」，如果不合亦能生知，這則不合理。〔案：眼是情，色是塵，意統馭五根，故眼見色即是情、塵、意合。勝論師自己說情、塵、意合故知生，這應是說眼見色在先，然後才生知。眼見色與知生這兩件事情在時間關係上只有三種情況，一是見色在先，生知在後；二是見色在後，生知在先；三是見色與生知同時。就第一種情況，論主指出，既然已見色，生知有何用？因此，這種情況並不合理。就第二種情況，論主指出，情、塵、意未合已有知生，這亦不合理。至於第三種情況，將在下一段討論。〕

2.　外曰：若一時生有何過？

內曰：若一時生，是事不然。生、無生、共不一時生。有故，無故，先已破故（修妬路）。若見知先有，相待一時生，若先無，若先半有半無，於三中一時生者，是則不然。何以故？若先有見知者，不應更生，以有故。若先無者，亦不應生，以無故。若無者，則無相待，亦無生。若半有半無者，前二修妬路各已破故。復次，一法云何亦有亦無？復次，若一時生，知不待見，見不待知。復次，眼為到色見耶？為不到色見耶？若眼去，遠遲見（修妬路）。若眼去到色乃見者，遠色應遲見，近色應速見。何以故？去法爾故。而今近瓶、遠月一時見，是故知眼不去。若不去則無和合。復次，若眼力不到色而見色者，何故見近不見遠？遠、近應一時見。復次，眼設去者，為見已去耶？為不見去耶？若見已，去復何用（修妬路）？若眼先見色，事已辨，去復何用？若不見去，不如意所取（修妬路）。若眼先不見色而去者，如意所取，則不能取，眼無知故，趣東則西。復次，無眼處亦不取（修妬路）。若眼去到色而取色者，身則無眼，身無眼故，此則無取。若眼不去而取色者，色則無眼，色無眼故，彼亦無取。復次，若眼不去而取色者，應見天上色及障外色。然不見，是故此事非也。

勝論師提出，情、塵、意合，與知生是同時。

論主否定一時生的說法。他指出，「生」不一時生，有故；「無生」不一時生，無故；「共」不一時生，先已破故。〔案：論主列出了一時生的三種可能情況，即是生、無生、共。他並指出，三種情況都不能一時生，原因是有故，無故，先已破故。因此，一時生的說法不能成立。〕

再看婆藪的詳細解釋。他指出，「生」表示見知先有，而見知與知相待一時生；「無生」表示見知先無，亦是見知與知相待一時生；「共」表示見知半有半無，而見知與知相待一時生。這三種情況都不能成立。原因是，首先，若見知先有，用以上例子即是眼先見色，既然眼已先見色，已有見知，則無需再生知。其次，若見知先無，即是眼未見色，亦即是情、塵、意未合，則不能生合。最後，若見知先半有半無，那即是以上所提的先有和先無兩種情況的困難都存在。況且，一件事物怎會在半有半無，或亦有亦無的狀態呢？再者，倘若見與知一時生，就即是知不待見，見不待知。〔案：所謂待，表示以某事物為條件，例如知待見，表示知需以見為條件才能生起。如果知與見同一時生，即表示見還未存在，知就能生起。這就是知不待見。反過來就是見不待知。這樣就不能說見與知相待一時生。〕

論主接著提出問題，所謂眼見色是如何見呢？是眼到色而見，抑是眼不到色而見呢？〔案：所謂眼到色而見，表示眼前去接觸到所看的事物，從而見到該事物。反之，若眼沒有前去接觸事物而能見到該事物，就是眼不到色而見。〕論主指出，若眼要前去接觸事物才能見，則較遠的事物應較遲才能見到。婆藪再解釋，凡是去的情況都是這樣，去遠需時較長，故應較遲才能見到，去近需時較短，故應較早見到。然而，事實上，我們看近瓶，瞬間即見到，轉頭看遠月，亦是瞬間即見到。由此可知眼沒有前去接觸所看的事物。可是，若不去，則情（眼）與塵沒有和合，無和合就不應知。另一方面，如果眼不到色而見色，那就應遠物、近物都同樣可見。〔案：因為如果沒有前去接觸事物亦能見該事物，即表示不受距離所影響，則遠物和近物都應同樣可見。〕為何現實上往往能見近物而不

能見遠物呢？

　　論主再提出問題，假設眼需前去接觸事物，那麼，是已見到事物然後前去，抑是未見事物先前去呢？倘若已見事物然後前去，既然已見，前去還有甚麼作用呢？倘若不見事物而前去，論主說「不如意所取」。〔案：這裏需較詳細解釋。所謂意所取，指意所進行的思考活動。意進行思考活動無所謂方向、位置的，但眼看事物就必須辨別方向、位置，否則不能看到。所以說眼前去接觸事物不能如意進行思考般不分方向。〕

　　婆藪再解釋如果眼不見事物而前去，好像意進行思考般不分方向，則不能接觸到事物，因為眼本身沒有知，不懂分辨方向，應向東卻前往西。

　　論主再提出另一點，「無眼處亦不取」。婆藪解釋，如果眼前去接觸事物才能見事物，當眼離開身去看某事物的時候，身上則無眼，這時應不能看見任何事物。反之，如果眼沒有離開身去接觸事物，則該事物之處沒有眼到，故不應被看見。再者，如果眼不用前去接觸仍然能夠看見事物，則在天上遠處，或在障礙物背後的事物亦應讓我們看見。

　　〔案：論主在本段首先就勝論所說眼見與知生同時進行的說法作出破斥。此外，他更提出眼到色而見，或不到色而見的問題。並且得出結論，指到色而見或不到色而見兩種說法都有困難，從而否定見的可能性。而且，眼見事物只是一個例子，論主所指的還包括耳聽聲音，鼻嗅香氣，舌嚐味道，身觸軟硬、冷熱等知覺。所以，論主在這裏實際上否定了我們接觸自身以外的事物的能力。然而，我們不是天天都看見事物，聽到聲音麼？論主否定了我們認知事物的能力，豈不是違反了一般人的知解麼？論主在這裏並非完全否定

我們認知事物的能力，他只是擬設站在外道的實在論立場上，分析
我們對外界事物的認知方式，結果推導出種種困難，從而否定實在
論的觀點。如果以為我們自身的認知機能，即是情（五根）和意（意
根），合為六情或六根，以及認知的對象，即是塵都是實在的，有
自性的，而六根和塵結合能生起認識（知），則根和塵必須具有「合」
的能力。本品集中討論六情或六根方面有否合的能力。論主提出眼
見物的例子，指出在種種可能的情況下，眼根都不能與事物結合，
從而否定眼根有結合事物的能力。論主所提出的，實際上是知識論
中一個非常重要的問題，就是我們作為認知主體，是否具有適當的
機能認知外在於我們自身的事物呢？如果答案為否定，即表示我們
目前所認識的事物，並非外在於我們自身而存在的東西。從這一點
可以引伸至唯識學的境不離識的理論。當然，我們現在不能延伸至
太遠，我們只能說，從《百論》的這個立場，可以向著唯識的觀念
開展。〕

3. 外曰：眼相見故（修妬路）。見是眼相，於緣中有力能取，性
自爾故。

　　內曰：若眼見相，自見眼（修妬路）。若眼見相，如火熱相，
自熱能令他熱。如是眼若見相，應自見眼。然不見，是故眼非
見相。

　　勝論師就著眼能否認知外界事物的問題指出，眼的相就是見。
　　婆藪解釋，勝論師認為，見就是眼的相，對於所緣的事物有能
力認識，原因是眼的本性就是這樣。〔案：相是事物表現出來的特
徵，勝論師認為眼的特徵就是見，見這種性格令眼對於所對向的事

物有認知的能力。勝論師認為這是眼的本性。〕

　　針對著「見是眼相」的說法，論主提出詰難說，如果眼的特徵是見，則眼應該能夠看見自己。

　　婆藪進一步解釋，如果眼以見為特徵，如同火以熱為特徵，火能自熱亦令他物熱，眼亦應能自見及見他物。然而，眼並不能自見，所以眼並非以見為特徵。

4.　外曰：如指（修妬路）。眼雖見相，不自見眼，如指端不能自
　　　觸。如是眼雖見相，不能自見。
　　　內曰：不然，觸指業故（修妬路）。觸是指業，非指相。汝言
　　　見是眼相者，何不自見眼？是故指喻非也。

　　勝論師舉喻例「如指」。

　　婆藪解釋，勝論師以指為喻例，指能觸摸其他東西，但不能觸摸自身。同樣地，眼雖然以見為相，但只能見其他東西而不能自見。

　　論主指出，觸是指業。〔案：論主要指出勝論師以指為喻例並不妥善。作為喻例，必需跟所要說明的事情有著相應的性格（即因明學所說的同品或同法喻[27]）。然而，勝論師為說明見是眼相，他應該舉出另一根的相作喻，但他所舉的喻為觸。觸並不是指相，而是指業（即手指的動作），故這喻例並不對應。〕

　　婆藪解釋，觸是指業，不是指相，而勝論師說見是眼相。既然說見是眼相，為甚麼不能看見眼自身呢？故此，以指作為喻例並不適當。〔案：若見是眼相，眼能夠見事物，卻不能見眼自身，正如

27　詳見《因明入正理論導讀》中冊，頁 104-108。

手指能觸摸事物，但不能觸摸手指自身。筆者認為這個喻例應是有效的。然而，論主卻認為觸是指業而非指相。如果見是眼相，則聽應是耳相，嗅應是鼻相，嚐應是舌相，觸應是身相。而指是身的部分，故觸亦應是指相。指業應是指的動作，例如屈、伸。未明何以論主認為觸是指業。〕

5.　外曰：光、意去故見色（修妒路）。眼光及意去故，到彼能取色。

　　內曰：若意去到色，此無覺（修妒路）。意若到色者，意則在彼。意若在彼，身則無意，猶如死人。然意實不去，遠、近一時取故。雖念過去、未來，念不在過去、未來，念時不去故。

　　勝論師再解釋眼如何見色。他說光、意前去接觸事物，因而見色。

　　婆藪再解釋，勝論師認為眼光及意前去接觸到事物，故能取得事物的形相。

　　論主指出，如果意前去接觸事物，則此處的身子無覺。

　　婆藪解釋，如果意前去事物之處，這時意在該處，則此處的身無意，如同死人。他指出，意其實沒有前去事物之處，因為遠物、近物的形相都同一時間取得。又例如當我們念想過去或未來的事情之時，我們的念並沒有前往過去或未來。〔案：前面提到論主認為我們沒有適當的機能去認識外界的事物。勝論師則在這裏提出一種認識外物的途徑，以眼見物為例，他指出，眼光和意前去對象事物之處，取得事物的形相帶回身中，這樣就可認識在外界存在的東西。論主則指出這種說法的困難，如果意前去事物之處取事物的形

相回來，則意在途中之時，身子就無意，這時應如同死人。但現實上並非如此。另外，婆藪再補充，如果意前去取事物的形相，由於往返的路途需時，遠境應需時較長，近境則應較短。但事實上，我們看身邊的瓶跟天上的月都是同樣在瞬間可見。故此，眼光與意前往取物的說法不能成立。另外，婆藪又舉念想過去、未來為喻例。念是心的一種作用，能夠念想過去、現在、未來的事情。由於過去和未來的事情都不存在於現前，故念想這些事情之時，這念並不可能前去事情之處。由此可知念並沒有前去對象事物之處取物以進行念想。同樣道理，意亦應沒有前去對象事物之處取得事物的形相以進行認識。〕

6.　外曰：意在身（修妬路）。意雖在身，而能遠知。

　　內曰：若爾，不合（修妬路）。若意在身，而色在彼。色在彼故，則無和合，若無和合，不能取色。

　　勝論師修訂剛才的說法，改為指出意在身中。

　　婆藪解釋，勝論師認為意雖然在身中，而能認識處於遠方的事物。

　　論主則指出，若意在身中，則不合。

　　婆藪解釋，如果意在身中，而事物在彼方，則無和合，故不能取色。〔案：如果按照勝論師所說，意停留在身中，沒有前去所要認識的事物之處，意與事物分離，則無和合。而勝論師在本品開首明言，情、塵、意合故知生。既然無和合，應不能生知。〕

7.　外曰：不然，意、光、色合故見（修妬路）。眼、意在身和合，

以意力故，令眼光與色合，如是見色。是故不失和合。

內曰：若和合故見生，無見者（修妬路）。汝謂和合故見色，若言但眼見色，但意取色者，是事不然。

勝論師指出，意、眼光、事物和合故能見。

婆藪解釋，勝論師認為眼根與意在身中和合，而意的能力令眼光與事物和合，這樣就能見事物。因此並非沒有和合。〔**案：勝論師認為眼根與意都沒有離開身子而前去對象事物之處，但意具有能力令眼光前去接觸事物而與事物和合。這樣地，意與眼根和合，而眼光與對象事物和合，即是達到情、塵、意和合，故能生知。**〕

論主回應說，如果以和合為因而生起見，則無見。

婆藪解釋，勝論師說和合故見色，這樣，如果說眼見色，或說意取色，都不正確。〔**案：論主針對著勝論師所說「因和合才能生見」，這樣就不能說眼見色，或意取色。**〕

8.　外曰：受和合故取色成（修妬路）。汝受和合，則有和合。若有和合，應有取色。

內曰：意非見，眼非知，色非見、知，云何見（修妬路）？意異眼故，意非見相，非見相故，不能見眼。四大造故非知相，非知相故不能知色。亦非見相，亦非知相，如是雖復和合，云何取色？耳、鼻、舌、身亦如是破。

勝論師指論主接受和合，既然接受和合，取色就應成就。

婆藪的解釋亦是這意思。〔**案：佛教以因緣和合而生起現象去理解世間事物。勝論師依據論主這種立場認為他亦接受和合，在這**

種共許的情況下，勝論所說的情、塵、意和合而生知應能成立。〕

論主的回應是，意不能見，眼不能知，色更沒有見和知，哪有見的情況呢？

婆藪再解釋，由於意跟眼別異，二者就是各自獨立的實體。意沒有見的特性，因此不能見到眼。而眼由四大所造，沒有知的特性，因此不能認知事物。前者沒有見的能力，後者沒有知的能力，即使和合，怎能認識事物呢？除眼以外，其餘四根，即耳、鼻、舌、身亦有同樣困難，故五根都不能認知事物。〔案：首先，論主在這裏當然不是要否定五根和意根認識事物的能力，因為世人憑現前所見都相信六根的認識能力，而論主目前的討論是就著世間現象來說，不是就形而上，或超越世間的狀態而說，因此不應違反世間的知解，否則就犯了因明學所說的世間相違的過失。[28]論主推論出六根不能認知的結果，是基於勝論的義理而說，由此指出勝論的義理有著世間相違的過失。按照勝論的六句義，意是實體（dravya）的一種；眼根由四大所造，故亦是實體；對象事物亦由四大造成，也是實體。勝論所說的和合（samavāya），指實體跟屬性（德，guṇa）、運動（業，karman）、同（sāmānya）、異（viśeṣa）等句義的結合。在這樣的結合下，表現出來的是實體，而當中包含了其他句義。但一個實體與另一個實體之間不能有和合的情況，兩個實體只能合（saṃyoga），即是放在一起，表現出來仍然是各自獨立的實體。因此，論主指出，意不能見，眼不能知，色更是不見不知，由於二者別異，即使合起來也是不見不知。正如吉藏在《百論疏》所述，

28　因明學中的辯論規則是印度當時各宗教和學派普遍認可的。而世間相違就當中提到的一項過失，指某種義理違反世人普遍所見的情況。

三個盲人各自不能見，就算走在一起，還是不能見。（大 42.282c）〕

在本品的開首，勝論師以「情、塵、意合故知生」，而知是現量所得，故說實有情、塵、意。而論主則假設情、塵、意為實有，卻推論致不能生起認知，這是現量相違，亦是世間相違，由此可知情、塵、意都不是實有。由於本品主要就著五根和意（合稱六根或六情）的認知能力提出質疑，重點在於否定六情實有的說法，因此稱為〈破情品〉。

第六節　破塵品

勝論師面對六情已被破的困境，必須嘗試挽救。由於塵的存在性仍然未被破，故他的方向是以塵為實有，再透過能與所的關係，去推論出情亦應是實有。在認識的關係中，塵即對象事物，是所取，如果所取存在，則應有能取，而情就是能取。因此，如果塵是實有，情亦應是實有。論主則在本品進一步破斥塵是實有的說法，藉此令外道徹底地反省實在論的觀念能否正確地代表世間的真實狀態。除勝論之外，其他外道如數論（Sāṃkya）、正理（Nyāya）、耆那教（Jaina）等，以致佛教內部的說一切有部（Sarvāstivāda）、經量部（Sautrāntika）等，都抱有實在論的傾向，因此，論主提婆的論證也能讓他們獲益。

1. 外曰：應有情，瓶等可取故（修妬路）。今現見瓶等諸物可取故，若諸情不能取諸塵，當用何等取？是故知有情能取瓶等諸物。

   內曰：非獨色是瓶，是故瓶，非現見（修妬路）。瓶中色現可

見，香等不可見，不獨色為瓶，香等合為瓶。瓶若現可見者，
香等亦應現可見。而不可見，是故瓶非現見。

勝論師指出情應是實有，因為瓶等事物可取。

婆藪解釋，勝論師認為，現前可見我們能認識瓶等種種事物，
如果說六根不能認識事物，還有甚麼可用來進行認識呢？既然沒有
其他途徑，就可證明六根能認識種種對象事物，因此，六根應是實
有的。

論主指出，瓶不單只有顏色，因此，瓶非現見。

婆藪解釋，瓶所具有的顏色可以現見，但香等其他方面的性格
卻不可以眼見。一個瓶不單只有顏色，還有香等結合而成。如果說
瓶可現見，它的所有性格，包括香等皆應可現見。但實際上，除顏
色以外，其他性格皆不可見，因此，瓶非現見。〔案：論主提出的
這個論點，似有點令人疑惑。一件事物，除顏色以外，其他屬性如
香、味等，當然不是眼所能見。然而，我們除了眼以外，還有鼻、
舌等感官可感知其他屬性。為甚麼論主以香等屬性非眼所見，就說
瓶非現見呢？這一點應涉及勝論的六句義，其中的德句包括了色、
聲、香、味、觸等，而每一種德各自都是獨立的存在。這問題會在
稍後再提出作詳細討論。現時，勝論師先從部分與整體的關係方面
作回應。〕

2.　外曰：取分故一切取，信故（修妒路）。瓶一分可見故瓶名現
　　　見。何以故？人見瓶已，信知我見是瓶。
　　　內曰：若取分，不一切取（修妒路）。瓶一分色可見，香分等
　　　不可見，今分不作有分。若分作有分者，香等諸分亦應可見，

是故瓶非盡可見。是事如破一、破異中說。

勝論師指出，取得部分即是取得整體，因為世人都相信。

婆藪解釋，勝論師認為瓶的部分屬性可見，故可說瓶是現見。因為一般人眼見瓶的顏色，就相信所見的是瓶。

論主回應說，如果只是取得部分，並不等同於取得整體。

婆藪解釋，顏色作為瓶的部分屬性，可以眼見，但另一部分屬性，例如香，則不可見。如今，部分並不等同於整體（有分）。如果說部分等同於整體，則香等屬性亦應可見。〔**案：如果說部分等同於整體，即是說瓶的顏色等於整個瓶。同樣地，瓶的香氣亦應等於整個瓶。這樣，瓶的香氣亦應等同於瓶的顏色。既然，顏色可見，香氣亦應可見。然而，事實並非如此。**〕因此，瓶不是完全可見。有關的論證在〈破一品〉和〈破異品〉中已說。

3. 外曰：有瓶可見，受色現可見故（修妬路）。汝受色現見故，瓶亦應現見。

內曰：若此分現見，彼分不現見（修妬路）。汝謂色現見，是事不然。色有形故，彼分中分不現見，以此分障故，彼分亦如是。復次，如前若收分不一切取，彼應答此。

勝論師指出，既然論主接受顏色可現見，就應接受有瓶可見。〔**案：勝論師在本段未有就論主在前段提出的質疑作回應，反而找著論主暫且接受的瓶色可現見一點，就說瓶可現見。**〕

既然對方找著論主接受顏色可現見一點，論主於是就這一點作出澄清，表明顏色亦非完全現見。他指出，瓶色的此一面若現見，

另一方就不現見。婆藪解釋，勝論以為論主接受色現見，其實不然。由於顏色有形，能成障礙，另一面的顏色不能現見，因為被此一面的顏色障礙。反過來，若從彼一面看，則此一面被障礙，不能現見。此外，前段提到只有瓶色一方面現見，其他方面，如瓶香等不能現見，故不能說瓶的整體能現見，對方應就這一點作回應。〔案：論主在此提出另一論點，瓶有顏色，但我們只能見到面向的一面的表面顏色，內裏的和背面的顏色都不能看見。若轉過來看，看見了另一面的顏色，卻不能看見剛才一面的顏色。所以，即使單就瓶的顏色方面看，亦只能看見其中一面的表層，即是小部分，因此不能說瓶色可現見。再者，前段提到的一點，只有瓶色方面姑且說可見，其餘香等方面都不可見，勝論師仍需回應這問題。〕

4.　外曰：微塵無分故不盡破（修妬路）。微塵無分故一切現見，有何過？

　　內曰：微塵非現見（修妬路）。汝經言微塵非現見，是故不能成現見法。若微塵亦現見，與色同破。

　　〔案：論主以上提出的詰難都是基於只有小部分現見，大部分都不能現見的問題。要回應這問題，勝論師需證明整體能現見。〕勝論師指出，微塵無分，故整體現見。〔案：按勝論的理論，微塵是最基本的存在單位，不能再分成部分。因此，微塵沒有整體與部分的區分。由微塵結合而成的實體則可分割成部分。勝論師認為，即使論主從整體與部分的關係上否定了瓶可現見，這只能否定粗體（即由兩個或以上微塵結合成的實體）能現見，但未能否定微塵能現見，因為微塵沒有整體與部分的區分。〕

論主指出，微塵非現見。〔案：勝論師只著眼於微塵沒有部分這一點，以為可以反駁論主的詰難，卻忽略了最重要之處，就是按勝論的義理，微塵本身不能現見，只有粗體才可現見。〕

婆藪補充，《勝論經》說微塵非現見。再者，如果微塵現見，就跟以上的瓶色一般，同樣被否定。

5.　外曰：瓶應現見，世人信故（修妬路）。世人盡信瓶是現見，
　　有用故。

　　內曰：現見無非瓶無（修妬路）。汝謂若不現見瓶，是時無瓶
　　者。是事不然。瓶雖不現見，非無瓶，是故瓶非現見。

勝論師指出，世人都相信瓶現見。

婆藪補充，勝論師認為世人都相信瓶是現見，原因是瓶能發揮其作用。〔案：例如盛水的作用。〕

論主表明，他只是指出瓶非現見，而不是說無瓶。

婆藪解釋，勝論師以為論主說瓶非現見，就是指無瓶，這並不恰當。論主雖然說瓶不現見，卻並非指無瓶。〔案：這裏必須澄清一點，勝論師以瓶現見，從而說瓶為實有，而論主否定瓶現見，目的只是否定瓶為實有，卻不是指無瓶。上面提到世人都知道瓶有作用，然而，有作用並不代表現見，更不表示為實有。論主認同世人知道瓶有作用，但這作用並非源自實有的瓶。論主未有明言作用的來源，他畢竟只是循遮詮的方向，去否定外道的實在論，即自性的觀點。但他的態度卻可引伸出後來的唯識理論，該理論以種子為作用的來源，基於種子起現行的作用假立事物的存在。由此可說，世間事物的展現，包括其作用，都是源自種子的現行作用，而不是如

外道所說，源自**實體**的存在。〕

6.　外曰：眼合故無過（修妒路）。瓶雖現見相，眼未會時人自不
　　見。是瓶非不現見相。

　　內曰：如現見生無，有亦非實（修妒路）。若瓶未與眼合時未
　　有異相，後見時有少異相生者，當知此瓶現見相生，今實無異
　　相生，是故現見相不生。如現見相生無，瓶有亦無。

　　勝論師繼續嘗試挽救瓶是現見的說法。他指出，瓶需與眼結合
才能現見，有時候不見只是由於未與眼結合。

　　婆藪解釋，勝論師認為瓶本身具有現見的特徵，但有些時候我
們的眼未有對向著，故不見到瓶色，卻不是瓶非現見。〔案：論主
在前段提到的論點，說看見瓶的此面時，另一面就看不到。外道在
這解釋，這是由於我們的眼未有對向著瓶的每一面。因此，我們未
能看見瓶的整體，問題在我們的眼未與瓶結合，而非由於瓶不能現
見。〕

　　〔案：既然勝論師自言需要與眼結合才可現見，即表示現見是
由眼與對象事物結合而生起的，這即否定了瓶本身已具現見相。論
主即順著這一點作回應。〕論主指出，如果沒有現見生起，則瓶作
為有亦不是實在的。

　　〔案：如何能知有或沒有現見生起呢？既然是生起，應與未生
起時不同，若沒有不同，當知沒有生起。婆藪即依這種思路作解釋。〕
婆藪解釋說，如果瓶未與眼結合時未有異相，當與眼結合時，即使
只有少許變異，我們當知此瓶生起現見相。但事實上，瓶在未與眼
合時，跟與眼合之後沒有任何變異，由此可知瓶沒有生起現見相。

而勝論師在本品開首時指出，由於瓶是現見，所以是實有的。如今瓶非現見，故並非實有。

7. 外曰：五身一分破，餘分有（修妬路）。五身是瓶，汝破一色，不破香等。今香等不破，故應有瓶。

內曰：若不一切觸，云何色等合（修妬路）？汝言五身為瓶，是語不然。何以故？色等一分是觸，餘分非觸，云何觸、不觸合？是故非五身為瓶。

勝論師指出，瓶有五身〔案：即色、**聲**、香、味、**觸**五方面的**屬性。**〕，而論主只破斥了其中一分，即顏色方面，而其餘四分仍然存在。

婆藪再解釋，瓶的色、聲、香、味、觸五身之中，只有顏色方面為論主所破，其餘香等方面沒有破，因此應有瓶。

〔案：**勝論師以五身結合為瓶，因此指論主只破了一身，其餘四身未破。但論主並不認同五身合為瓶的說法。**〕論主指出，如果並非一切都是觸，怎能說色等結合呢？

婆藪解釋，勝論師說五身合為瓶，論主不以為然。因為五身中只有一分（身）是觸，其餘不是觸，觸與非觸怎能結合呢？因此論主不認同五身合為瓶。〔案：**這裏涉及本品第 1 段提到的問題。按照勝論的義理，每種德必須內屬於某個實體才能展現，這德與所屬的實體的關係是和合（samavāya）。然而，德與德之間卻沒有和合的關係。現瓶是實體，顏色是德，顏色內屬於瓶而展現，故可眼見。香是另一種德，香亦內屬於瓶而展現，故可以鼻嗅。現知一個瓶具有色、香等屬性。然而，色與香之間沒有內屬的關係，當我們眼見**

色，鼻嗅香時，我們怎能建立色與香之間的關係呢？既然五身之間沒有和合的關係，怎能說五身合為瓶呢？〕

8. 外曰：瓶合故（修妬路）。色分等各各不合，而色分等與瓶合。
   內曰：異、除，云何瓶、觸合（修妬路）。若瓶與觸異者，瓶則非觸。非觸云何與觸合？若除色等更無瓶法。若無瓶法，云何觸與瓶合？

勝論師回應說「瓶合故」。

婆藪解釋，色分、香分、等各自之間雖然不能和合，但每分皆與瓶和合，即是色分與瓶和合，香分與瓶和合，觸分亦與瓶和合等等。〔案：勝論師的意思是，色分等作為一種德，各分之間雖然沒有和合的關係，但每分都可與同一個瓶（實體）和合，因此，各分實際上在瓶之中和合。因此，說五身是瓶並無問題。〕

〔案：勝論師運用六句義中德與實的和合關係，推論至五身在實體中結合的關係。為著指出這種結合關係不能成立，論主進一步就著德與實的和合關係，以及實體本身的存在性作出否定。〕論主指出，由於有著「異」和「除」的問題，瓶與觸分等如何能結合呢？

婆藪解釋，如果瓶與觸別異，瓶就是「非觸」，非觸怎能與觸結合呢？此外，如果除去色等，就再沒有瓶這個實體，既然無瓶，怎能與觸結合呢？〔案：勝論的六句義認為實體（實）和屬性（德）都是真實的存在，分別只在於存在形態上。論主提出質疑，瓶作為實體，色、香、觸等作為屬性，如果各自都是實在的，就必是別異的，兩件別異的東西怎能結合呢？另一方面，瓶作為一個實體，它之所以被確定存在，是基於它被我們認識。而我們對瓶的認識，不

外乎它的顏色、香氣、觸感等。如果瓶與色、香、觸等各是實在的，則除去了色、香、觸等應有瓶存在。然而，我們若除去對色、香、觸等的認識，就再沒有對瓶的認識，因此不能說瓶存在。勝論師說瓶與觸等結合，既然說結合，即是預認了兩件東西存在，但瓶卻不存在，那麼，怎能說瓶與觸結合呢？〕

9. 外曰：色應現見，信經故（修妬路）。汝經言色名四大，及四大造。造色分中色入所攝，是現見。汝云何言無現見色？

內曰：四大非眼見，云何生現見（修妬路）？地堅相，水濕相，火熱相，風動相，是四大非眼見者，此所造色應非現見。

〔案：勝論師鑑於在比量（推論）上落敗，轉而從聖言量（經典）而說。〕勝論師指出，事物應現見，因為是經典所說的。

婆藪解釋，勝論師指論主的經典（佛家經典）亦把色（事物）稱為四大及四大所造，其中的色分為顏色，為色入（眼根）所攝取，是現見。論主為甚麼說沒有現見色呢？

論主回應說，四大都不是眼所見，怎能生現見呢？

婆藪解釋，四大之中，地具有堅相（特徵），水有濕相，火有熱相，風有動相，四者都不是眼所能見的，故它們所造的事物應不能現見。

10. 外曰：身根取故四大有（修妬路）。今身根取四大，故四大有。是故火等諸物，四大所造，亦應有。

內曰：火中一切熱故（修妬路）。四大中但火是熱相，餘非熱相。今火中四大都是熱相，是故火不為四身。若餘不熱，不名

為火，是故火不為四身。地堅相，水濕相，風動相亦如是。

〔案：堅、濕、熱、動都不是眼根的對境，只有身根可觸及。〕
勝論師指出，由於身根可取四大的相，因此可知四大是有。〔案：
雙方均承認，如果說某事物存在，它必須為我們所知，如果不為我
們所知，就不能說該事物存在。〕

婆藪解釋，勝論師認為，由於身根能攝取四大的相，故四大是
有。因此，火等種種事物，由於是四大所造，亦應是有。〔案：這
裏所說的涉及兩個層面的火。按勝論的義理，四大是極微，極微不
能現見，所以地、水、火、風四大是不能現見的。而「火等諸物」
所說的火是眼所見的，不是極微的火，而是粗體。粗體的火以及其
他事物（也是粗體）由四大所造。〕

論主的回應是「火中一切熱故」，意思是粗體的火之中所有東
西都是熱的，因此，粗體的火不是四大所造。

婆藪解釋，四大之中，只有火是熱相，其餘三者均非熱相。如
今火中的四大都是熱相，因此火不是四大共同所造的。如果火之中
有不熱的部分，該部分則不能稱為火。因此，火不是四大所造。除
火以外，其餘三者，地為堅相，水具濕相，風具動相，亦能以同樣
的理由證明非四大所造。〔案：論主在這裏要證明粗體的地、水、
火、風，每一樣都非四大所造。由此否定具體事物具有實在的本質。
如果問，論主這種說法豈不是違反了佛經所說事物由四大所造的說
法麼？這當然不是。勝論義理中的四大，跟佛經所說的四大並非等
同。勝論義理的四大是極微，而極微是實在的元素，若說事物由四
大所造，即表示事物有實在的基礎。這種說法是論主所否定的。而
佛經說世間事物由四大所造，所說的四大並非實在的東西。世間事

物是因緣和合而成的現象，並非實在的。世間現象具有堅、濕、熱、動的特徵，故說為四大所造。然而，堅、濕、熱、動只是作用，並非代表四種實在的東西。因此，論主在這裏只是否定事物由四種實在的元素組成，並非否定事物由種種作用和合而成。〕

11.　外曰：色應可見，現在時有故（修妒路）。以眼情等現在時取塵故，是名現在時。若眼情等不能取色塵等，則無現在時。今實有現在時，是故色可見。

內曰：若法後故，初亦故（修妒路）。若法後故相現，是相非故時生，初生時已隨有，微故不知，故相轉現，是時可知。如人著屐，初已微故，隨之不覺不知，久則相現。若初無故後亦無，是應常新。若然者，故相不應生。是以初微故隨之，後則相現。今諸法不住故，則無住時，若無住時，無取塵處。

　　〔案：勝論把時（kalā）視為實（dravya）的一種，它遍滿而整一，但卻表現為眾多而連繫於每件事物。[29]勝論師見四大極微的實在性未能確立，於是改從時間方面推論，希望基於時間的實在性，透過時與事物的連繫而確立事物的實在性。〕勝論師指出，事物應可現見，因為現在時實有。

　　婆藪解釋，勝論師認為，由於眼情（眼根）及其他根於現在時攝取（認識）對象事物，因而稱為現在時。如果眼根等不能認識事物，則沒有現在時。如今實有現在時，因此，事物可現見。〔案：這裏顯示，勝論的時間觀念與事物的實在性互相依靠而確立。如果

29　詳見〈捨罪福品〉的第 3 段。

事物為實在，則應能現見。事物能現見，則能展示時間的存在。由
於時間本身不能讓我們感知，因此必須透過現見事物來推知時間的
存在。由於我們的認識活動必須在時間中進行，所以，如果我們能
現見事物，就可推知時間存在。勝論認為，時間本身是整一的，但
如果按照認識活動的次序來將時間區分立名，則可將現見事物的當
下稱為現在時，此前的稱為過去時，往後的稱為未來時。以上從認
識活動以推知時間存在，亦可反過來，基於時間存在而知有認識活
動，即事物能現見。從事物能現見，可推知事物為實在。這是勝論
師在此的立論目的。〕

〔案：勝論師意欲透過時間為實在，推知事物可現見。故論主
針對著勝論所說的時間的實在性進行破斥。〕論主說「若法後故，
初亦故」，當中的「故」表示舊。他的意思是，如果事物在較後時
間（後時）是舊相，它在初生時亦應是舊相。

婆藪解釋，如果事物在後時顯現舊相，這舊相並非在該後時生
起的，而是在事物初生時已有，但由於這相微細，我們因此未知，
直至這舊相顯現，這時才可知。這好比人穿著屣，〔案：由於這種
鞋較為重墜，穿著時腳部被綑縛的位置受力較重，令腳的皮膚承受
較大磨擦力，長時間會令腳部皮膚受損。〕初穿時皮膚已被磨擦，
但因微細故不覺不知。在較長時間過後，就會顯現被磨擦受損的情
況。如果初生時沒有舊相，後時亦應沒有，那麼，事物就應常新。
倘若是這樣，舊相就不應生起。所以，舊相應在事物初生時已伴隨
著，但較微細，至後時則顯現出來。如今事物並不停住，即是沒有
住時，若無住時，則沒有認識事物之時。〔案：按論主的推論，事
物初生時是新相，然而，舊相這時已伴隨著，只因微細故未顯現。
及至後時，舊相顯現則可見到舊相。事物從初生時的新相至舊相轉

現，沒有停住，因此沒有住時。由於世間事物的展現應經歷生、住、異、滅四時，當下存在的事物，其生起應在當下之先，其異、滅應在當下之後，如果沒有住時，則無現在時；無現在時，則不能認識事物。論主這段說話之目的是否定時間為實在，以免外道以時間為實在而推論事物為實在。〕

12. 外曰：受新、故故，有現在時（修妬路）。汝受新相、故相，觀生時名為新，觀異時名為故。是二相非過去時可取，亦非未來時可取，以現在時故，新、故相可取。

內曰：不然。生故新，異故故（修妬路）。若法久生，新相已過，是新相異，新則名故。若故相生，故則為新。是新、是故，但有言說，第一義中無新，無中，無故。

　　勝論師指出，既然論主接受有新相、舊相，就即是接受有現在時。

　　婆藪解釋，勝論師認為論主接受有新相、舊相，當看見事物生起時稱為新，看見事物變異時稱為舊。這新、舊二相不能在過去時取得，亦不能在未來時取得，由於有現在時，因此，新、舊二相可取得。

　　論主否定勝論師的說法。他指出，事物稱為新，是因為它處於生時；事物稱為舊，是因為它在變異中。〔案：論主在這裏要澄清自己在前段提到新相、舊相，並非表示接受有實在的新相、舊相。因此，勝論師不應以為論主承認有實在的新相、舊相可得，就此推論有實在的時。論主說「生故新，異故故」，表示所謂新、舊只是一種施設，即是就著各種因緣現起的不同現象立名（言說、概念），

例如現象展示出事物生起的情況，則稱之為新；現象展示出事物變異的情況，則稱之為舊。而新相、舊相並非實在的，原因是，如果是實在的，則新相應恆常是新相，舊相亦應恆常是舊相。但事實上，所謂新相可變成舊相，舊相亦可稱為新相。〕

　　婆藪解釋，當事物生起後過了一段時間，新相已過，產生變異，這所謂新相會稱為舊。當舊相生起，由於此相初生，因此稱為新。事物是新、是舊，只是言說、概念，在真實中沒有實在的新、實在的中（指新與舊之間的階段）、實在的舊。〔案：這裏表示所謂新相、舊相，只是言說、概念，並不是客觀實在的東西。論主並非否定事物有新相與舊相的區別，但這些相都是因緣和合而起的現象，並不是實在的。所謂現象，指在主體的認識中生起的形相。至於這些形相的來源，實在論者，例如勝論、數論等，認為是源於一些在主體之外，真實存在的東西，而大乘佛教則不認同這種說法。以龍樹、提婆為首的空宗極力否定這種實在論的說法，而較後起的有宗，即是以無著、世親為代表的唯識宗，更積極地建立以識為一切現象的來源的理論，而這識亦不是如實在論者所說的實在。〕

13. 外曰：若爾，得何利？

　　內曰：得永離（修妬路）。若新不作中，中不作故，如種子芽、莖、節壞，華、實等各不合，各不合故諸法不住，不住故遠離，遠離故不可得取。

　　勝論師向論主詢問，倘若接受論主所說，有甚麼利益呢？〔案：外道（包括勝論、數論）最初皆認為有神，而且神有覺知，因此我們可透過神的覺知而得知神存在，他們還提出神、情、意、塵合故

知生。而論主則在〈破神品〉中否定了神的存在。在〈破一品〉和〈破異品〉中，外道嘗試以屬神所有的事物的存在來挽救神存在的說法，但都被論主一一反駁。在〈破情品〉和〈破塵品〉中，外道又嘗試以情、意、塵的存在來挽救神的存在的說法。而論主則進一步否定了情、意、塵的實在性。外道至此可能已知道敗局已定，故尋求論主的指導。〕

論主回應，若接受論主的義理，則可得永離。〔案：「離」（apoha）表示離於繫縛。外道執著於事物為實在，若覺悟一切事物本性空，則無執著，無執著就能脫離煩惱的繫縛，而得解脫。〕

婆藪解釋，如果新的事物不成為中，中的事物不成為舊，好比作為因的種子、芽、莖、節等壞滅，而作為果的花、果不生起，不生則不住，不住則遠離，無可執取。〔案：婆藪的解釋中隱含了他的解脫觀念，就是作為因的種子滅去，而果不生起，則再無執取而獲致解脫。如果將這些種子解釋為有漏種子（sāsrava bīja），則可開展出唯識學（Vijñānavāda）的解脫觀念，即是有漏種子滅盡，只有無漏種子現行，有情生命從雜染的阿賴耶識（ālaya vijñāna）轉為清淨的智（jñāna），即轉識成智，獲致解脫。〕

第七節　破因中有果品

在上章〈破塵品〉的末段，論主提出「永離」，而婆藪的解釋中提到「不住」，意思是當因滅而果不生，由於住是隨著生的一個階段，不生故不住，不住則無可執取而永離於煩惱。雖然在修妒路中未有明言不住，但在本品的開首，外道即就諸法不住的說法作出回應，因此，相信論主提婆在上章末段所說的，正如婆藪的解釋，

有不住的意思。而不住的說法亦帶出了第七品〈因中有果品〉和第八品〈因中無果品〉的討論。數論（Sāṃkhya）認為，自性（prakṛti）是一切物質和動力的來源，世間事物都是由自性自身轉化而成，正如酪由奶經攪動而成，酪本身早已藏於奶之中。同樣地，世間事物亦本潛藏於自性之中，經轉化而展現出來。因此，數論認為現前的世間事物作為果，本已藏於因，即自性當中，沒有東西可以從無中生起，而事物的生、住、異、滅其實都是自性的轉變過程。在這過程當中，沒有新的東西加進來，因為自性已包含一切，事物沒有其他來源，亦不能從無中生起；也沒有任何東西失去，因為沒有去處，亦不能從有變為無。世間事物的本質就是自性，事物的轉變只是在形態上的改變，其本質從來不變。自性在神我的引導下轉變，展現出生、住、異、滅的形態，這即是因轉化為果的過程，這種轉化沒有停下來[30]，故不斷有事物生起，有生則有住，故數論認為事物非不住。而生起的果本已存在於因之中，故他們持因中有果論。提婆在本品破斥因中有果的說法，目的是破除數論的自性觀念，這種觀念以為一切事物都由自性轉化而成，有實在的基礎。提婆破除這種實在論的觀念，即顯示出萬物緣起無自性的本質。

1. 外曰：諸法非不住，有不失故，無不生故（修妬路）。有相諸法如泥團，從團底，從底腹，從腹咽，從咽口，前後為因果。種種果生時，種種因不失，若因中無果，果則不生。但因變為果，是故有諸法。

---

[30] 直至 Pralaya 的狀態，神我脫離自性，讓自性回復均衡的狀態。參考 *A History of Indian History*, pp.247-248。

內曰：若果生故有不失，因失故有失（修妬路）。汝言瓶果生時泥團不失，瓶即是泥團。若瓶果生，是時失泥團因故，是則無因。若泥團不失，不應分別泥團瓶有異。今實見形、時、力、知、名等有異，故有應失。

「有相諸法」，數論所說的二十五諦，其中神我與自性屬形而上界，沒有形相，由自性轉化成的大有，以及其後的我慢、五唯等則屬現象界，即世間事物，故有形相。數論師否定論主的諸法不住的說法，原因是本為有的事物不會消失變成無，而本為無的東西則不會生起。

婆藪解釋，數論師認為世間事物例如泥團，先造出瓶底，再從底至腹，腹至咽，咽至瓶口，在前的為因，在後的為果。當果生起時，因沒有消失。倘若因中無果，果則不能生起。現見因變成果，所以諸法實有。〔案：**數論以自性為第一因，這因自身轉化成為大有（mahat），大有為果，同時亦是因，進而轉化成我慢、五唯等等諸法。數論認為，在這轉化當中，自性作為最原初的因，從不消失，一切生起的事物，其本質都是自性，起變化的只在形相方面。由於自性是實在，故由它轉化成的事物都是實在。正如泥團經塑造成為瓶，改變的只是形相方面，它的本質仍是泥團。由於泥團是實在，瓶亦因此是實在。**〕

論主回應，如果由於果生起故說有不失，那麼，由於因失去，故應說有失。

婆藪解釋，按照數論師所說，瓶作為果，在生起時，作為因的泥團不失去，瓶本身就是泥團。但是，如果瓶生起時泥團失去，瓶則是無因生。相反，如果瓶生起時泥團不失去，則不應分別泥團與

瓶的差異。如今現見泥團與瓶在形狀、存在的時間、作用、觸感、名稱等方面都有差異，表示泥團已失去，因此應說有失去。〔案：**論主的依據是，如果事物是實在的，則應具有固定的形相和作用。現見形相和作用的差異，即表示原來的事物已失去，而生起了新的事物。**〕

2.　外曰：如指屈申（修妬路）。指雖屈申形異，實是一指。如是
　　　泥團形瓶形雖異，而泥不異。
　　　內曰：不然，業、能異故（修妬路）。屈申是指業，指是能。
　　　若業即是能者，屈時應失指。復次，屈申應是一，如汝經泥團
　　　即是瓶故。指喻非也。

數論師提出喻例來反駁論主的說法。他以手指屈申為喻。

婆藪解釋，手指在屈時與申時，形狀雖然有異，但其實是同一隻手指。同樣地，泥團與瓶雖然形狀有異，但實是同一把泥土。

論主指出，所作的業與能作業的體不同。

婆藪解釋，屈申是手指所作的業，而手指本身是能作業的體。如果將所作的業與能作的體說為同一，則屈時應失去手指。〔案：**按論主的理解，數論師以指申與指屈譬喻泥團與瓶。論主認為，泥團變成瓶時，泥團失去，同樣地，指申變成指屈時，指申失去。指申是所作的業，如果所作的業與能作業的體為同一，則指申失去即是手指失去。**〕此外，指屈與指申應是同一，正如《數論經》的義理認為泥團即是瓶。但事實上，屈時沒有失指，而屈與申並非同一。因此，手指之喻並不恰當。〔案：**數論師以手指由申變成屈，譬喻泥土由泥團變成瓶。而論主則以屈申是業，而手指是能作業的體，**

業與能（能作業的體）不應同一為理由，認為手指之喻並不適當。筆者則對論主或婆藪的說法有保留。數論師說的屈申應不是業，因為引文中說「指雖屈申形異，實是一指」，這句的意思應是：手指在屈的時候與在申的時候形態別異，但其實體是同一手指。所以屈申應表示屈時的指與申時的指，二者是體而不是業。再者，兩個體之間才能說形異，業無所謂形。數論師的手指之喻，以屈時的指與申時的指形態別異，但同是一指，譬喻搓成團狀的泥土與捏成瓶狀的泥土形態別異，但都是同一把泥土。論主的回應未能否定這譬喻。〕

3.　外曰：如少、壯、老（修妒路）。如一人身，亦少，亦壯，亦老。因果亦如是。

　　內曰：不一故（修妒路）。少不作壯，壯不作老，是故汝喻非也。復次，若有不失，無失（修妒路）。若有不失者，泥團不應變為瓶，是則無瓶。若有不失者，無無故，亦不應失，然則都無失。

　　數論師再舉另一喻例，如同一個人，少年為因，壯年為果，繼而壯年為因，老年為果。由少至壯，壯至老，都是同一個人，因變為果，故因中有果。

　　論主指出，少、壯、老並不是同一的。

　　婆藪解釋，少不作壯，壯不作老。〔案：這裏的意思是，少年身上不具有壯年的特徵，故少年不是壯年。若說因中有果，即表示少年身上已具有壯年的特徵，這樣，他應稱為壯年而不是少年。既然稱為少年，即表示他身上只具有少年的特徵，沒有壯年的特徵，

故非因中有果。壯年不作老的情況亦同樣。〕

論主再指出，如果本為有的事物不會消失。

婆藪解釋，如果有的事物不會消失，泥團就不會變為瓶，那麼就沒有瓶。此外，如果本為有的不會消失，而本為無的既然為無，亦不會消失，那麼就無失。〔案：泥團為因，瓶為果。如果因不失去，果從哪裏來呢？因此，若泥團不失，就沒有瓶。此外，世間事物不外乎有與無，有的事物如花、草等，無的事物如龜毛、兔角，倘若有的事物不失，而無的事物亦無可失，那就沒有失。〕

4. 外曰：無失有何咎（修妬路）？若常故無失，泥團不應變為瓶。無無常有何過？

   內曰：若無無常，無罪福等（修妬路）。若無無常，罪福等悉亦當無。何以故？罪人常為罪人，不應為福；福人常無（為）福人，不應為罪。罪福等者，布施、竊盜、持戒、犯戒等，如是皆無。

數論師問，無失有甚麼過失呢？

婆藪補充，數論師認為，如果由於常故無失，泥團不應變為瓶。沒有無常有何過失呢？〔案：婆藪在前面解釋時指出，「若有不失者，泥團不應變為瓶，是則無瓶。」而現見有瓶，所以「泥團不變為瓶」是錯誤的，不應發生的。然而，在本段中，數論師卻認為由於常故泥團不應變為瓶。數論認同事物為常，因此「泥團不變為瓶」對數論來說是正確的。我們會問，這豈不是違反現見有瓶的情況麼？這問題涉及數論對「變化」的看法。變化（pariṇāma）的概念就一般而言，當事物的要素產生變異而生起新的事物，這就是變

化。勝論亦採取這種看法。但數論卻反對。數論認為,現象中存在的一切事物,在它們的質料因(即自性)中本已潛在地存在,所以原因與結果本質上是等同的,所謂由原因經過變化而產生結果,這樣的情況是沒有的。[31]所以他們認為泥團不應變為瓶。但世間上並非無瓶,因為瓶本已存在於泥團之中,甚至世間上一切事物都本已潛在地存在。所以數論認為,所謂變化,只是形態的改變,本質沒有改變,例如乳變成酪,酪本已存在於乳之中,乳和酪只是展現的形態不同,本質是同一的。泥團與瓶亦只是形態不同,本質都是同一。瓶本已存在於泥團中,由泥團至瓶,本質上沒有變化,故泥團不應變為瓶。既然沒有本質上的改變,故一切是常,常故無失。」〕

論主指出,如果沒有無常,則無罪福等。

婆藪解釋,如果沒有無常,則罪人常為罪人,不應為福;福人常為福人,不應為罪。〔案:原文作「福人常無福人」,當中的「無」疑為「為」之誤,因為本句跟前句「罪人常為罪人」應對稱。〕這樣,行善如布施、持戒,行惡如盜竊、犯戒等,都沒有果報。〔案:這是雙方,以至世間都不認同的,因此不應說無無常。〕

5. 外曰:因中先有果,因有故(修妬路)。若泥中先無瓶,泥不應為瓶因。

內曰:若因先有果故有果,果無故因無果(修妬路)。若泥團作瓶,泥不失故,因中有果。是瓶若破,應因中無果。

〔案:外道亦接受作罪作福均應有相應的果報,因此,他必須

---

31 參考《佛教の思想4:認識與超越》,頁110-111。

指出並非否定罪福有果報，但果並不是由因滅而生起的。他認為果本已存在於因之中。〕數論師指出，因中本已有果存在，因為因是實在的。〔案：按數論的理論，自性是萬物原初的因，萬物都是自性的果。萬物當中，作為自性的果的事物，在轉變過程中，又是後來的事物的因。由於自性是實在的，實在的東西在本質上不會改變。所謂轉變，只是自性在形態上的變，沒有新的東西生起，原本有的亦不會失去。因此，果跟因是同一東西，本已存在於因中。〕

論主回應，如果說由於因中先有果故有果，那麼，倘若沒有果，就即是因中無果了。

婆藪解釋，若按照數論師所說，泥團作瓶，而泥沒有失去，故因中有果。然而，倘若瓶打破了，即是沒有果，那就應是因中無果了。

6. 外曰：因果一故（修妬路）。如土因泥果，泥因瓶果。因變為果，更無異法，是故不應因中無果。

內曰：若因果一，無未來（修妬路）。如泥團現在，瓶為未來，若因果一，則無未來。無未來故亦無現在，無現在故亦無過去，如是三世亂。

數論師反駁，由於因與果是同一東西，故因中有果。

婆藪解釋，數論師指出，土壤為因，泥團為果；泥團為因，瓶為果。由因變成果，沒有其他東西加進來，所以不應說因中無果。〔案：數論可更進一步說瓶為因，瓶的碎片為果。在轉變的過程中，因是果的唯一來源，沒有任何新的事物加進來。如果因中無果，那麼，果從何而來呢？〕

論主指出，如果因與果同一，則沒有未來。

婆藪解釋，以泥團為現在，瓶為未來，如果說因與果同一，則沒有未來。若無未來，則無現在；無現在則無過去。這樣，三世的事情都變得混亂。〔案：事實上，三世的事情井然有序，故不應說因與果同一。這裏反映出論主對時間的觀念。上章提到，勝論把時視為實體，而論主則把時間連繫到事物的轉變。從本段可見，論主把時間視為現象事物轉變的標示。例如當下見到泥團，就把泥團的存在設定為現在；而土壤的存在先於泥團，則把土壤的存在設定為過去。從當下的泥團設想將變成瓶，故把瓶的存在設定為未來。因此，時間是被設立作為現象事物在轉變中存在的次序的標示，這種標示只是在意識中假立的，不是一種實體。如果因與果同一，即表示現象事物沒有轉變，沒有轉變則不能標示，那麼就沒有三世了。〕

7. 外曰：名等失，名等生故（修妬路）。更無新法，而故法不失，但名隨時異。如一泥團為瓶，瓶破為瓵，瓵破還為泥。如是都無去來，瓶、瓵安在，但隨時得名，其實無異。

內曰：若爾，因無果（修妬路）。若名失名生者，此名先無後有，故因中無果。若名先有，泥即是瓶。是故知非先有果。

數論師指出，名稱等失去，名稱等生起故。〔案：這裏顯示數論師採取與論主相近的時間觀念。他亦同意，如果事物沒有轉變，則不能設立時間。因此，他指出事物的名稱、形態等有失去，亦有生起，基於這些轉變就可設立過去、現在、未來。〕

婆藪解釋，數論師認為沒有新的事物出現，原有的事物亦不會失去，只是事物的名稱隨著時間而不同。例如泥團作成瓶，瓶破為

碎瓦，碎瓦變成泥。在這過程中，事物沒有增多或減少，瓶、碎瓦
都不是實在的，只是隨著時間而建立的名稱，它的本質從來沒有改
變。〔案：在泥團成瓶這個例子中，它的本質是泥土，泥土成為泥
團，再成瓶、碎瓦，最後還原成泥土。數論認為在整個過程中，事
物沒有實質上的改變，只是名稱、形態等不同。若從終極的角度說，
本質就是自性，自性的形態轉變，在這轉變上設立種種事物的名
稱，這就是世間萬物。在名稱的轉變上就可設立時間用來標示不同
的轉變階段。一切事物經歷轉變後，都會還原為自性，就好像碎瓦
還原為泥土，數論稱這個還原的狀態為 pralaya。在 pralaya 之後又
會進行新一輪的開展，再次展現為萬物，如此循環不息，但自性的
本質卻從沒有改變。〕

　　論主回應，如果按照數論師所說，則因中無果。

　　婆藪解釋，如果依數論師所言，以名稱等失去、名稱等生起來
設立時間，由於這名稱先無後有，因此是因中無果。假如說名稱是
原先已有的，則泥土即是瓶，這是不合理的。由此可知，果並不是
原本就有的。〔案：既然數論師指時間是建立於名稱的轉變，而非
本質的改變，論主就姑且順著這種說法，把因果關係亦說成是名稱
上的更替，因就是原本的名稱，而果則是後來的名稱。由於果的名
稱在因中沒有，故因中沒有果。倘若說果的名稱在因中已有，則泥
團即是瓶，這並不符合世間設立名稱的規則，故不合理。〕

8.　外曰：不定故（修妬路）。泥團中不定出一器，是故泥中不定
　　有名。

　　內曰：若泥不定，果亦不定（修妬路）。若泥團中瓶不定，汝
　　言因中先有果亦不定。

〔案：由於論主說泥團不應稱為瓶，故因中無果，因此數論師須解釋泥團不稱為瓶的原因。〕數論師解釋，泥團不稱為瓶，原因是「不定」。

婆藪解釋，由於泥團不一定用來造瓶，還可能造成其他器具，如盆、窩等，故數論師認為泥團不一定稱為瓶。〔案：數論師的意思是，泥團中並非沒有瓶的名稱，但由於泥團可用來造出盆、窩等其他東西，故未能確定地稱為瓶。即是說，泥團中已有瓶、盆、窩等名稱，但由於未能確定將來用哪一名稱，故泥團不稱為瓶，但實際上，因中本已有果。〕

論主回應，若按照數論師所說，泥團不確定出甚麼器具，那麼，因之中是否有果的名稱亦是不確定。

婆藪的解釋跟上述意思相同。

9. 外曰：微形有故（修妬路）。泥團中瓶形微故難知，陶師力故，是時明了。泥中瓶雖不可知，當知泥中必有微形。有二種不可知，或無故不知，或有以因緣故不知。因緣有八，何等八？遠故不知，如遠國土；近故不知，如眼睫；根壞故不知，如聾盲；心不住故不知，如人意亂；細故不知，如微塵；障故不知，如壁外事；勝故不知，如大水少鹽；相似故不知，如一粒米投大聚中。如是泥團中瓶，眼雖不見，要不從蒲出，是故微瓶定在泥中。

內曰：若先有微形，因無果（修妬路）。若瓶未生時泥中有微形，後麤時可知者，是則因中無果。何以故？本無麤相，後乃生故。是以因中無果。

數論師指出，因中已有果的微形。〔**案：數論師認為因中有果是確定的，原因是，果的微形已存在於因之中。例如泥團是因，瓶是果，數論師認為，泥團中已有微細的瓶存在。**〕

婆藪解釋，數論師認為泥團中已有瓶的微形，但我們未能看見，原因是太微細。經過陶師的製作後，微形就顯明，故能看見。泥團中的瓶雖然不可知，但必定存在。〔**案：按照數論的理論，自性是一切事物最原初的物質來源，而任何事物不可能從無中生起，它必定從因而來，因此，事物必定本已以某種形態存在於因之中。**〕為甚麼不可知呢？原因可有兩種，第一是事物本身是無，故不可知；第二是事物本身是有，但由於種種因素故不可知。這些因素有八種。第一是事物太遠；第二是事物太近；第三是認知者的根壞；第四是認知者的心沒有留住於事物；第五是事物太細；第六是事物被障蔽；第七是有關事物相對於同處的其他事物分量太少，以致未能突顯出來；第八是同處有其他相似的事物，以致有關事物不能被辨別。基於以上某種原因，泥團中的瓶不可知。假若泥團中沒有瓶亦可造出瓶來，那麼，蒲草中亦沒有瓶，為甚麼不能造出瓶來呢？因此，瓶的微形必在泥團中。

論主指出，如果按照數論師所述，瓶未生時泥團中已有瓶的微形，其後變成瓶的粗相，因而可知，這樣就是因中無果。因為原本沒有瓶的粗相，後來才生起，所以因中無果。〔**案：泥團中原本只有瓶的微形，沒有瓶的粗相，後來才生起瓶的粗相。泥團為因，瓶的粗相是果，這粗相本無，故因中無果。**〕

10. 外曰：因中應有果，各取因故（修妬路）。因中應先有果，何以故？作瓶取泥不取蒲。若因中無果者，亦可取蒲。而人定知

泥能生瓶，埏埴成器，堪受燒故。是以因中有果。

內曰：若當有有，若當無無（修妬路）。汝言，泥中當出瓶故，因中先有果，今瓶破故應當無果，是以因中無果。

　　數論師指出，因中應有果，原因是，若要造出各種果，必須取得各種適當的因。

　　婆藪解釋，數論師認為因中先有果，因為造瓶需取泥團而不取蒲草。如果因中無果，即泥團中沒有瓶仍可造出瓶，則應可取蒲草造瓶，因為蒲草中亦同樣沒有瓶，亦應同樣可造出瓶來。世人都知泥團能造出瓶，泥混和水可塑造成器具，因其能耐受燃燒，故此因中有果。

　　論主回應說，如果由於得知應當有果出，故說因中有果，那麼，如果得知將無果，則應說因中無果。

　　婆藪解釋，依數論師所言，泥中當會造出瓶，故說因中有果。然則，瓶當會破而成無，就應說因中無果。〔案：**數論師以世人都知泥當能造成瓶，因此說泥因中有瓶果。那麼，亦可說世人都知瓶當會破而為無，故應說泥因中無瓶果。**〕

11.　外曰：生、住、壞次第有，故無過（修妬路）。瓶中雖有破相，要先生，次住，後破。何以故？未生無破故。

　　內曰：若先生非後，無果同（修妬路）。若泥中有瓶生便壞者，何故要先生後壞，不先壞後生？汝言，未生故無破。如是瓶未生時，無住無壞，此二先無後有故。因中無果。

　　數論師指出，事物順序經歷生、住、壞，故即使瓶破亦無損因

中有果的說法。

　　婆藪解釋亦是同一意思。〔案：論主在前段說世人都知瓶當會破，最終還是無瓶果，故應說因中無果。因此，數論師需指出有瓶果。他順著論主的說法，同意瓶當會破，但在瓶破之前必先有瓶生、瓶住，因此不應說無果。〕

　　論主回應說，倘若按照數論所說，生必在先，不能在後，那就等於說無果。

　　婆藪解釋，倘若如數論師所說，泥團中有瓶，瓶生起後會變壞，為何要先生後壞，而不是先壞後生呢？〔案：倘若是因中有果，泥中已有瓶，有瓶就必有生、住、壞，那就即是說瓶的生、住、壞都本已存在於泥之中。既然三者都已存在，只是未展現出來，為甚麼必先展現生相，住、壞隨後，而不能先展現壞相呢？〕數論師剛才說「未生故無破」，即是說瓶未生時，無住無壞。既然住和壞是先無而後有，那就是因中無果了。

12.　外曰：汝破有果，故有斷過（修妬路）。若因中有果為非者，
　　　應因中無果，若因中無果，則墮斷滅。

　　　內曰：續故不斷，壞故不常（修妬路）。汝不知耶？從穀子牙等相續故不斷，穀子等因壞故不常。如是諸佛說十二分因緣生法，離因中有果、無果，故不著斷常，行中道入涅槃。

　　數論師指責論主破有果，故有斷過。〔案：數論師見未能挽救因中有果的立場，因而指責論主否定因中有果，這有斷過。所謂斷過，是指著斷滅論而說。斷滅論認為事物以至人的生命，都會從有變為一無所有。古印度一個稱為唯物派（Cārvāka）的教派就是持這

種觀念的。他們認為人死後就變成一無所有,故人生時無論作罪、作善,死後都沒有果報。因此,他們傾向於享樂,順應世間的情慾而行。佛經中常稱他們為「順世外道」。唯物派這種斷滅論常為其他宗教學派,包括婆羅門教和佛教所批評,故數論師和論主都認為斷滅論是一種過失,稱為斷過。〕

婆藪解釋,數論師以為,如果說因中有果是錯誤的,則應是說因中無果。說因中無果,則墮於斷滅論。

論主指出,事物與事物相續故不斷,因壞故不常。

婆藪以穀子生芽為例,穀子與芽相續,故沒有斷滅;作為因的穀子壞滅,故不常。諸佛所說的十二因緣生起諸法,離因中有果,故不常;離因中無果,故不斷。不斷不常即為行中道,得入涅槃。

〔案:從世間現象可見,穀子與芽接續生起,因果相續,由此可否定如唯物派所說的斷滅論。另一方面,作為因的穀子壞滅,因滅果生,由此可否定如數論的常住論,當中認為因不滅。〕

第八節 破因中無果品

論主在前品最末部分,同時否定因中有果和因中無果,外道對此感到疑惑。外道以為,既然有果生起,這個果必定是因中先有或因中先無,這兩種情況必有一種成立。因此,論主在本品要處理的問題是,為甚麼因中有果和因中無果兩種說法同時不能成立呢?而論主給予的答案是無生。無生就是龍樹(Nāgārjuna)所著的《中論》(Madhyamakakārikā)的核心觀念。「無」是否定的意思。龍樹和提婆基本上都是以遮詮的方式來表達佛教中觀學的義理,即是透過否定外道以至小乘佛教某些歪謬的義理或觀念而顯出自己的思想。

運用這種方法的原因是，中觀學認為真理不能以言語概念表達，因為言語概念本身只能適用於現象世間，而真理則超越於現象世間。龍樹稱言語概念為戲論（prapañca），好比概念的戲法，而這戲法的規則就是現象世間的規律。早期中觀學派以龍樹和提婆為代表，他們的論證方向基本上都是以否定歪謬的義理，以至整體地否定戲論，而突顯超越的真理，在破中建立觀點。「生」就是一種歪謬的義理。外道以至部分小乘佛教，以說一切有部（Sarvāsti-vāda）為主，都採取實在的觀念去理解現象世間的事物，這種實在的觀念又稱為自性（svabhāva）的觀念，即是以為世間事物都是具有實體的存在。中觀學指出，如果以這種自性的觀念去理解事物，就不能解釋現象中可見的事物生滅變化的情況，因此，這種觀念是錯誤的。如果事物是實在的，我們所見的生就代表實在事物的生起。中觀學透過種種方式去否定這樣的生，由此總結為無生。而從另一方面看，無生亦代表無滅。如果同樣地以實在的觀念理解事物，我們所見到事物滅去的情況，就代表實在事物的消失，即是所謂斷滅。中觀學亦同時否定這樣的滅。同時否定生、滅，表示超越生、滅的共同觀念基礎，即是超越於實在的觀念。否定實在即是否定自性，這即是空。

　　本品的論題「破因中無果」看來跟上品「破因中有果」相對稱，但本品內容並非單著重於破因中無果，正如《百論疏》亦指出「本品正破於生，不正破無。」（大 42.290b-c）因為辯論的對方，即數論師只執著於因中有果，並非執著因中無果。數論師在本品開首提出的問題是就邏輯上說，他以為若否定因中有果，就必定是認許因中無果，按照排中律，不可能同時否定兩者。他希望藉此指出論主在邏輯上的謬誤，從而挽救因中有果的說法。故論主在本品的討論是超越於因中有果和因中無果的層面，這層面都是以「生」為基礎。

他論證無生，即是否定因中有果和因中無果兩種說法的共同基礎，所以能夠同時否定二者而沒有邏輯上的謬誤。

1. 外曰：生有故，一當成（修妒路）。汝言因緣故諸法生，是生若因中先有？若因中先無？此生有故，必當有一。

   內曰：生、無生不生（修妒路）。若有生，因中先有、因中先無，如是思惟不可得。何況無生？汝若有瓶生，為瓶初瓶時有耶？為泥團後非瓶時有耶？若瓶初瓶時有瓶生者，是事不然，何以故？瓶已有故。是初、中、後共相因待，若無中、後則無初，若有瓶初必有中、後。是故瓶已先有，生復何用？若泥團後非瓶時瓶生者，是亦不然。何以故？未有故。若瓶無初、中、後，是則無瓶。若無瓶，云何有瓶生？復次，若有瓶生，若泥團後瓶時應？若瓶初泥團時應有？泥團後瓶時無瓶生。何以故？已有故。亦非瓶初泥團時有瓶生。何以故？未有故。

   數論師認為，由於有生，故因中有果、因中無果二者之中，當有一者成立。

   婆藪解釋，數論師指論主既然承認由因緣而生諸法，這生是以因中有果而生，抑是以因中無果而生呢？既然有生，故必為其中一者。〔案：在修妒路中未有提及因緣生諸法，而是在前品末段婆藪的解釋中提到。在本段，亦是在婆藪的解釋中提到。由此可見，這是婆藪的演繹，而本段中外道所說的「汝」應指婆藪。數論師以有生為基本設定，按照數論的理論，世間事物都是由神我結合自性而生成的，由於自性是實在的東西，因此，所生成的一切事物都是實在的。既然有生，在邏輯上必為因中有果而生或因中無果而生。〕

　　論主回應，無論以生為前提，抑或以無生為前提，數論師所說的生都不能成立。

　　婆藪解釋，即使說有生，因中先有而生或因中先無而生，二者都不能成立，更何況無生？假設有瓶生，這生在瓶的初期，即已成為瓶的時候有呢？抑是在泥團的後期，即仍未成為瓶時有呢？若說在瓶初，已成為瓶的時候有瓶生，這是不合理的，因為瓶已有。瓶初、瓶中、瓶後三個時期是互相依待的，若沒有中、後，則無瓶初；若有瓶初則必有中、後。既然有初、中、後，即是已有。既然這時已有瓶，何需再生起瓶呢？若說在泥團的後期，即仍未成為瓶時有生，這亦不合理，因為這時未有瓶。這時仍未有瓶的初期，則中、後期亦沒有，這即是無瓶。這時既然無瓶，怎能說有瓶生起呢？再者，倘若有瓶生起，是在泥團之後作為瓶的時候生起呢？抑是在瓶之先作為泥團時生起呢？前者沒有瓶生起，因為瓶已經存在。後者亦沒有瓶生起，因為該時候沒有瓶。〔案：論主的回應已總括地指出不生。但由於數論師以為有生，故注釋者婆藪姑且假設有生。然而，在瓶生的例子中，泥團變成瓶，瓶在甚麼時間生起呢？在泥團的後期沒有瓶生，在瓶的初期亦沒有瓶生。在前品的第6和第7段曾提到，論主和數論師都採取相近的時間觀念，就是把時間連繫到現象事物的轉變上。現見瓶的初期緊接著泥團的後期，而兩個時段都沒有瓶生，故婆藪可總結，沒有瓶生的時間。〕

2.　外曰：生時生故無咎（修妬路）。我不言若已生、若未生有瓶生。第二法生時是生。

　　內曰：生時亦如是（修妬路）。生時如先說，若生是則生已，若未生云何有生？生時名半生半未生，二俱過，亦如前破，是

故無生。

數論師指出，瓶在生的時間生起，故沒有過失。

婆藪解釋，數論師不是說在瓶已生或在瓶未生時有瓶生，而是在瓶生起時是瓶生。〔**案：泥團後期是未生，瓶初期是已生，這二時都沒有瓶生。在泥團變成瓶的例子中，泥團在先，是第一法，瓶在後，為第二法。數論師指瓶生起之時正是瓶生。**〕

論主指出，即使說生時有瓶生，亦同樣被破。

婆藪解釋，如前面所述，所謂「生時」是甚麼時間呢？若說是瓶已生之時，既然已生，怎能再生呢？若說是瓶未生時，既然未生，哪有生起呢？若說生時是半生半未生，則上述兩種困難都同時存在。況且，先前已破，因此無生。〔**案：在〈捨罪福品〉的第8段曾破斥半生半未生的情況。**〕

3. 外曰：生成一義故（修妬路）。我不言瓶生已有生，亦不言未生有生。今瓶現成，是即瓶生。

內曰：若爾，生後（修妬路）。成名生已，若無生，無初無中，若無初亦無中無成，是故不應以成為生，生在後故。

數論師辯解說，生與成是同一意義。

婆藪解釋，數論師澄清他並非說生已有生，亦非說未生有生。他但見瓶已現成，這即代表瓶有生。〔**案：數論師見在時間上未能反駁論主的詰難，於是改從現量證明瓶有生。他認為見瓶現成，即表示瓶有生。這即是修妬路所說的「生成一義」。**〕

論主反對生成一義的說法，原因是這會令生在後。

婆藪解釋，成表示已生起，如果事物沒有生，則沒有初、中，若沒有初，亦無中、成。因此，不應以成與生同義，因為這樣會令生在後。〔案：如果說事物有生，則應循著生之初期、中期，最後到完成期。如果說生與成同義，則生會在最後期。那麼，在初期之先則沒有生，沒有生則沒有初、中、成。因此，生與成不應同一義。〕

4.　外曰：初、中、後次第生故無咎（修妬路）。泥團次第生瓶底、腹、咽、口等，初、中、後次第生，非泥團次有成瓶。是故非泥團時有瓶生，亦非瓶時有瓶生，亦非無瓶生。

　　內曰：初、中、後非次第生（修妬路）。初名無前有後，中名有前有後，後名有前無後，如是初、中、後共相因待，若離云何有？是故初、中、後不應次第生。一時生亦不然（修妬路）。若一時生，不應言是初，是中，是後，亦不相因待，是故不然。

　　數論師表示，初、中、後次第生起，故沒有過失。〔案：**數論師仍堅持有生起的時間，這初、中、後正是在泥團與瓶之間，瓶逐步生起的時間。**〕

　　婆藪解釋，數論師認為泥團逐步生起瓶底、腹、咽、口等，而不是在泥團之後緊接著就是完整的瓶。因此，瓶的生起並非在泥團時，亦不是在瓶已完成之時，更不是沒有瓶生。〔案：**數論師在泥團與瓶之間加入了逐步形成瓶的時間，這就是他在第 2 段所說的「生時」，用以反駁論主指沒有瓶生的時間。**〕

　　〔案：**論主從初、中、後的概念上的關係作出回應。**〕論主指出初、中、後並非以先後的次序生起。〔案：**數論師以瓶底、瓶腹等各部分先後依次序生起，在這各部分生起的過程安立時間，由此**

成為生時。既然生時是建立在這先後次序的關係上，如果這種先後次序關係不成立，則生時亦不能成立。沒有生時，則無瓶生。論主就是運用這樣的推論去否定有瓶生的說法。〕

　　婆藪解釋，初、中、後在概念上互相因待。〔案：即是說，若無中、後，就無所謂初；無初、後，亦無所謂中；無初亦無所謂後。因此，每一者在概念上都依賴其餘二者才能成立。〕三者若離開，怎能成立呢？〔案：如果三者以先後次序生起，則在初生時未有中、後，這初怎能成立呢？所謂次第，即表示在時間上不同。如果初、中、後三者各自處於不同的時間，怎能建立因待的關係呢？〕

　　論主再指出，初、中、後一時生亦不成立。〔案：既然三者不可在不同時間生起，那麼，三者在同一時間生起又能否成立呢？論主表示，這亦不能成立。〕

　　婆藪解釋，如果三者同時生起，則不能區別哪是初，哪是中，哪是後，不能區別就不能建立因待的關係，故此不能成立。

5.　外曰：如生、住、壞（修妬路）。如有為相，生、住、壞次第有，初、中、後亦如是。

　　內曰：生、住、壞亦如是（修妬路）。若次第有，若一時有，是二不然。何以故？無住則無生，若無住有生者，亦應無生有住，壞亦如是。若一時，不應分別是生，是住，是壞。復次，一切處有一切（修妬路）。一切處名三有為相，若生、住、壞亦有為相者，今生中應有三相，是有為法故。一一中復有三相，然則無窮。住、壞亦如是。若生、住、壞中更無三相，今生、住、壞不名有為相。若汝謂生生、共生如父子，是事不然。如是生生若因中先有相待，若因中先無相待，若因中先少有少無

相待，是三種破情中已說。復次，如父先有然後生子，是父更
有父，是故此喻非也。

〔案：**數論師質疑，為甚麼不能建立次第的關係。**〕數論師舉
生、住、壞為例，證明次第的關係應能成立的。

婆藪解釋，數論師以論主也該承認的有為法三相為例，生、住、
壞是次第有。同樣地，初、中、後亦應次第有。

論主指出，生、住、壞亦跟初、中、後一樣不能成立。

婆藪解釋，生、住、壞三者，若說次第有，若說一時有，兩種
情況都不能成立。原因是，無住則無生。〔案：生、住、壞三者跟
初、中、後的情況一樣，都必須建立在因待的關係上。所以，生、
住、壞若各自處於不同的時間，亦跟初、中、後一樣不能成立。〕
如果說同一時間生起，那就不能區分哪是生、哪是住、哪是壞。〔案：
這情況亦跟初、中、後一樣，不能成立。〕

論主再指出，「一切處有一切」。〔案：一切處指整個現象世
間。按數論的義理，自性（Prakṛti）的原本狀態是寂靜的，即是無
為的狀態，但與神我（Puruṣa）結合後，自性三德（triguṇa）失卻
均衡而出現轉變，成為大有（Mahat），這即是整個現象世間。這
大有在不均衡的狀態下會不斷變化，形成世間萬物。由於有變化，
故是有為法。而變化的基本表現就是生、住、滅。因此，生、住、
滅是有為法的基本相狀。由於現象世間中無不是有為法，故「一切」
即指有為法。而論主這種說法，數論師亦當不能否認。至於「一切
處有一切」究竟有甚麼困難呢？婆藪有較詳細的解釋。〕

婆藪解釋，一切處指生、住、滅三種有為相，如果三者各自本
身又是有為相，則任何一者，例如生，亦應具備三相，因為生本身

亦是有為法。同樣地，生的三相各自又應具有三相，如此則有無窮
的三相。〔案：在概念上，**無窮的數量比任何東西（包括大有、自
性）所包含的更多，對數論來說，這是不可能的，因為大有便是一
切。**〕如果生、住、壞各自不具有三相，則生、住、壞不應稱為有
為相，這亦是不合理的。如果你說這生與生生互相生起（共生）猶
如父子，這亦非事實。〔案：婆藪在這裏擬設對方以生與生生互相
生起作回應。[32]「生」能生起其他事物，包括「生生」，而「生」
本身則由「生生」生起，這樣就無需另一個「生」去生起「生」，
可避免無窮過。喻例如父與子，父生起子，而父本身又因子才成為
父，所以父與子是互相生起。「生」與「生生」的關係亦如是。〕
婆藪指出，這「生」與「生生」如果是互相為因，相待而生，這相
待只有三種情況：一是因中先有相待，二是因中先無相待，三是因
中先少有少無相待。這三種情況在〈破情品〉中已說，都不能成立。
〔案：在〈破情品〉中，論主提出見色與知生熟先熟後，或一時生
的問題。結論是，無論誰先誰後，或一時生都不能成立。這相近於
本段的生與生生的關係的問題，生中先有生生，抑是生中先無生
生，或是生中先少有少無生生，三種情況下，二者的相待而生的關
係都不能成立。原因跟見色與知生的問題相近，若未見色不能知
生；若已見色則無需知生；若一時生則無需相待。相近地，若生中
先有生生，則生生無需待生已先有；若生中先無生生，這生從何來？
若生中少有少無生生，則以上兩種問題都存在。故三種情況都不能
成立。〕此外，在父與子的喻例中，如果說先有父，然後生子，則

---

[32]　這是說一切有部的理論。他們認為生、住、滅、生生、住住、滅滅及
　　　自體七法一同生起。

有另一個困難，就是此父從何而來？〔案：倘若以實在的角度看父，父亦需有其實在的父才能生成，這樣則成無窮追溯。〕因此，父與子的喻例並不正確。

6.　外曰：定有生，可生法有故（修妬路）。若有生，有可生，若無生，則無可生。今瓶等可生法現有，故必有生。

　　內曰：若有生，無可生（修妬路）。若瓶有生，瓶則已生，不名可生。何以故？若無瓶，亦無瓶生，是故若有生，則無可生，何況無生？復次，自、他、共亦如是（修妬路）。若生、可生是二，若自生，若他生，若共生，破吉中已說。

　　〔案：數論師試以現量作依據進行推論。〕數論師指出，由於有可生法，故必有生。

　　婆藪解釋，如果有生，則有可生；如果無生，則無可生。現見有瓶等可生法，故必有生。〔案：「可生法」指可被生起的事物，例如瓶、盆等。〕

　　論主的回應卻是，若有生，無可生。〔案：論主的意思是，縱使有生，亦無可生，何況根本無生？〕

　　婆藪解釋，即使瓶有生，由於該瓶已生起，故不稱為可生。為甚麼說該瓶已生起呢？原因是，如果現前沒有瓶，就不會說瓶生。〔案：既然說瓶有生，即表示現前有瓶，亦即是瓶已生起。這瓶應稱為已生，不能稱為可生。〕因此，如果說瓶有生，則無可生。更何況根本上無生，怎會有可生呢？

　　論主再提出，自生、他生、共生亦如是。

　　婆藪解釋，如果生與可生是兩件別異的東西，這可生或許是自

生，或許是他生，或許是自與他共生。但這三種生都不能成立，在破吉之中已解釋過。〔案：如果說生與可生是兩件別異的東西，即是說可生不是生。那麼，可生如何生起呢？是自生、他生，抑是共生呢？在〈捨罪福品〉的第 5 段論及吉法的生起，已討論過自生、他生、共生三種情況，結論是三種情況都不成立，即是無生。吉法是一種可生法，既然吉法不成，推廣開來，可生亦不成。〕

7. 外曰：定有，生、可生共成故（修妬路）。非先有生後有可生，一時共成。

　　內曰。生、可生不能生（修妬路）。若可生能成生者，則生是可生，不名能生。若無生，何有可生？是故二事皆無。復次，有、無相待不然（修妬路）。今可生未有故無，生則是有，有無何得相待？是故皆無。

　　數論師再提出，必定有生與可生，因為二者共成。

　　婆藪解釋，數論師認為，並非先有生，後有可生，而是二者同一時互相依待而成立。

　　論主指出，若按照數論師的說法，則生與可生都不能生成。

　　婆藪解釋，如果可生能成立生，則生就成為可生，不能稱為能生，那麼就沒有生。既然沒有生，哪有可生呢？因此，生、可生都無。

　　論主再進一步指出，說有與無互相依待並不正確。

　　婆藪再解釋，可生未生成故為無，而生是有，有與無如何能相待呢？因此，二者皆無。〔案：從論理（即邏輯）上說，應先有生，才能有可生。因此，在有生的時候，可生還未有，即是無。前者是

有，後者為無，怎能互相依待呢？有怎能依於無而成立呢？無就是沒有成立，何需依待有呢？〕

8.　外曰：生、可生相待，故諸法成（修妒路）。非但生、可生相待成，是二相待故，瓶等諸物成。

內曰：若從二生，何以無三（修妒路）？汝言生、可生相待故諸法成，若從二生果者，何不有第三法，如父母生子？今離生、可生，更無有瓶等第三法，是故不然。

　　數論師嘗試挽救生、可生相待之說。他指出，生與可生相待，故諸法成立。〔案：論主在前段剛從論理上否定生與可生互相依待，數論師則嘗試以現量作依據證明生、可生相待而成。他指出，現見種種事物成立，其原因就是生、可生相待。故生、可生相待的關係應成立。〕

　　婆藪解釋，數論師認為不但生與可生相待的關係成立，而且，由於這相待關係，使瓶等種種事物皆成立。

　　論主對數論師的說法提出質疑，他指出，如果萬物都是由於生與可生而成立，為甚麼沒有在生與可生之外的第三方面的事物呢？

　　婆藪解釋，數論師說生、可生相待，因而諸法成立。若從二者生果，為何沒有第三種事物呢？譬喻父與母生子，子即為第三方。但如今除卻生、可生之外，更沒有瓶等第三方面的事物。因此，數論師所說的不正確。〔案：論主再從論理上分析。數論師說生、可生相待，因而瓶等諸法成立。在這說法中，生是第一方，可生是第二方，瓶等諸法應是第三方。正如父是第一方，母是第二方，由父與母生出子，子則是第三方。然而，瓶等諸法都是可生法，若除卻

生與可生法，再沒有其他方面的事物。因此，數論師的說法，在論理上不正確。〕

9. 外曰：應有生，因壞故（修妬路）。若果不生，因不應壞。今見瓶因壞故應有生。

內曰：因壞故，生亦滅（修妬路）。若果生者，是果為因壞時有耶？為壞後有耶？若因壞時有者，與壞不異故生亦滅。若壞後有者，因已壞故無因，無因故果不應生。復次，因中果定故（修妬路）。若因中先有果，先無果，二俱無生。何以故？若因中無果者，何以但泥中有瓶，縷中有布。若其俱無，泥應有布，縷應有瓶。若因中先有果者，是因中是果生，是事不然。何以故？是因即是果，汝法因果不異故。是故因中若先有果，若先無果，是皆不生。復次，因果多故（修妬路）。若因中先有果者，則乳中有酪、酥等，亦酥中有酪、乳等。若乳中有酪、酥等，則一因中多果。若酥中有酪、乳等，則一果中多因。如是先、後、因果一時俱有過。若因中無果，亦如是過。是故因中有果、無果，是皆無生。

數論師再試從推論上證明有生。他說，應有生，由於因壞。

婆藪解釋，倘若果不生起，則因不應壞。如今見瓶之因壞，故應有生。〔案：數論師認為，因若壞滅，必有果生。倘若因壞滅而沒有果生，那就是斷滅。對論主和數論師來說，斷滅論是不能接受的。如今現見因壞滅，故可推知必有果生。〕

論主卻指出，由於因壞，生亦變成滅。

婆藪解釋，若說果生，此果生是在因壞之時有呢？抑是在因壞

之後有呢？如果說在因壞之時有，則這果生跟壞就是同一事情，所以生亦變成壞滅。如果說在因壞之後才有果生，這時因已壞滅，即是無因，無因則果不應生起。

論主再指出，因中果是固定的。〔案：論主這樣說用以破因中無果。〕

婆藪解釋，說因中先有果或說因中先無果，二種說法都無生。原因是，若說因中無果，為甚麼只在泥中有瓶，縷中有布呢？如果二者都沒有果，泥中應有布，縷中應有瓶。〔案：若說因中無果，即是說泥中沒有瓶，縷中沒有布。既然泥中沒有瓶而可出瓶，縷中也沒有瓶，理應亦出瓶；縷中沒有布而可出布，泥中也沒有布，理應亦可出布。這樣，瓶不定從泥出，布亦不定從縷出。但事實並非如此，因中果是固定的。因此，因中無果論不成立。〕

另外，婆藪進一步破因中有果論。他指出，如果因中先有果，某種因中生出某種果，這樣說亦不成。原因是，某種因即是某種果，因與果不異，如數論的說法。〔案：既然因與果不異，果本已存在，那就無所謂生果了。〕因此，無論說因中先有果，或說因中先無果，兩種說法下，生都不能成立。

論主再指出，因果多故。〔案：這是用以破因中先有果。〕

婆藪舉例解釋，若因中先有果，則如乳中有酪、酥等，亦酥中有酪、乳等。〔案：乳為因，酪是果；又酪為因，酥是果。若因中先有果，即是說乳中已有酪，而酪中已有酥，故乳中已有酪和酥。若因中有果，則果中亦有因，故酥中亦有酪和乳。〕那麼，一因中就有多果，同時，一果中亦有多因，這是不合理的。在這種情況下無論說先因後果，或先果後因，或因果一時俱有過失。另外，婆藪又指出，若說因中無果，亦有同樣的過失。因此，無論說因中有果

或因中無果,皆無生。〔案:在本段中,論主原本以「因中果定故」破因中無果論,以「因果多故」破因中有果論。但婆藪則解釋為二者各自兼破因中有果論和因中無果論。然而,就後者,即「因果多故」,卻沒有清楚解釋如何破因中無果論。〕

10. 外曰:因果不破故,生、可生成(修妬路)。汝言因中多果、果中多因為過,不言無因果,是故生、可生成。

內曰:物物,非物非物互不生(修妬路)。物不生物,非物不生非物,物不生非物,非物不生物。若物生物,如母生子者,是則不然。何以故?母實不生子,子先有從母出故。若謂從母血分生,以為物生物者,是亦不然。何以故?離血分等母不可得故。若謂如變生,以為物生物者,是亦不然。何以故?壯即變為老,非壯生老故。若謂如鏡中像,以為物生物者,是亦不然。何以故?鏡中像無所從來故。復次,如鏡中像與面相似,餘果亦應與因相似,而不然,是故物不生物。非物不生非物者,如兔角不生兔角。物不生非物者,如石女不生子。非物不生物者,如龜毛不生蒲。是故無有生法。復次,若物生物者,是應二種法生,若因中有果,若因中無果,是則不然。何以故?若因中先無果者,因不應生果,因邊異果不可得故。若因中先有果,云何生滅?不異故(修妬路)。若瓶與泥團不異者,瓶生時泥團不應滅,泥團亦不應為瓶因。若泥團與瓶不異者,瓶不應生瓶,亦不應為泥團果。是故若因中有果,若因中無果,物不生物。

數論師反駁,由於因果關係沒有被論主破斥,故生與可生能成

立。

　　婆藪解釋，數論師指論主認為因中多果和果中多因皆是過失，但並未有說無因果，因此，生與可生應成立。〔案：論主在前段指出因中多果或果中多因皆是過失，但未有否定因與果的存在。數論師即認為論主也承認因果存在，生為因，可生為果，既然有因與果，即表示生與可生成立。〕

　　論主回應說，物與物，非物與非物互相不生。〔案：論主以此否定生。若無生則無可生，由此否定生與可生的存在。當然，論主否定的是實在的生，與實在的可生。〕

　　〔案：物與非物互生可有四種情況。〕婆藪解釋，物不生物，非物不生非物，物不生非物，非物不生物。〔案：這裏所說的「物」，指世間皆認為存在的事物，如瓶、盆等；「非物」指世間皆認為不存在的事物，例如龜毛、兔角、石女的兒子等。〕婆藪以實例逐一否定這四種生的情況。如果說物生物，例如母生子，是不能成立的，因為母實際上沒有生子，而是子先有，藏於母腹中，由母腹中出來，這不算是生起。若說從母的血分生子，這亦不成立，因為若離血分就沒有母。〔案：人之所以稱為母，是由於她的血分能生子，因此，若離血分就不能稱為母。所以說母的血分生子，跟說母生子意思沒有不同。〕若說如變生，這亦不成立。所謂變生，如壯年人變成老人，這並不是壯年人生起老人。再說，如鏡中像，這亦不合理，因為鏡中像沒有來處。〔案：如果說鏡中像來自頭面，這不合理，因為頭面並沒有生起像來。而外道亦得承認鏡中像並非實在的東西。〕另外，如果說鏡中像是由物生起的物，現見鏡中像與面相似，則其餘果亦應與其因相似，但事實不是這樣。〔案：例如種子生芽，芽與種子並不相似。〕因此亦不成立。以上各種物生物的情況皆不成

立，故物不生物。非物不生非物，例如兔角不生兔角，所謂兔角，本身就不存在。物不生非物，例如石女不生兒子。〔案：石女是存在的，故是物，但石女之子卻不存在，因為石女不能生子，故石女之子為非物。〕非物不生物，例如龜毛不生蒲草。以上四種生的情況都不成立，因此沒有生。再進一步說，如果說物生物，應從兩種方式生，〔案：這裏所說的「二種法」應指兩種方法或方式，而不是兩種事物。〕一是因中有果，另一是因中無果。然而，兩種方式都不成立。如果因中先無果，因不應生起果，因為在因之中沒有這別異的果。〔案：因中原本沒有果，而果又是別異於因，即是果與因是兩個獨立的實體。在這情況下，如果說有果生起，這果就是從無而生，這是雙方都不接受的。〕另一方面，如果說因中先有果，那就無所謂因滅果生了。〔案：從實在的角度說，如果因中有果，即表示因與果為同一實體（這符合數論的理論）。然而，既然是同一，怎能說因滅果生呢？故亦為無生。〕

論主再指出「不異故」。〔案：這是以數論的因果不異的說法，還破數論本身採取的因中有果論。〕

婆藪解釋，若瓶與泥團不異，瓶生時泥團不應滅。〔案：從實在的角度說，如果瓶與泥團不異，即表示瓶與泥團為同一實體，既然是同一實體，就不能說同時亦生亦滅，因為生與滅相違。〕泥團亦不應為瓶因。〔案：既然是同一實體，跟自身怎能有因與果的關係呢？〕同樣道理，若說泥團與瓶不異，則泥團生瓶就等於瓶生瓶，這亦不合理。因此，無論說因中有果，或因中無果，都不成立，故此，物不生物。

第九節　破常品

　　本品中的外道主要是勝論師。在前面的〈破一品〉、〈破異品〉、〈破情品〉、〈破塵品〉、〈破因中有果品〉、〈破因中無果品〉，論主都是以瓶、蓆等事物為例，辯破它們的實在性。而瓶、蓆等事物代表著有因而成的事物（即「有因法」），例如瓶以泥團為因，蓆以蒲為因。而勝論認為，一切有因法最初的因都是無因法，即是實句中包括地、水、火、風、空等等。勝論師眼見從一異、因果等各方面都未能守護事物的實在性，故退而提出有因法的基礎，即無因常法為實在，從而透過無因常法的實在性，證明由此衍生的有因法亦具有實在性。倘若成功證明如瓶等有因法為實在，則亦可推論神我的存在，正如〈破一品〉開首所說「應有神，有、一、瓶等，神所有故。」瓶等事物作為神的所有，如果是實在的，則神作為能有亦應是實在的。這樣就能挽救先前被破的全部論點。另一方面，論主在本品則進而辯破勝論所說的無因常法的實在性。

1.　外曰：應有諸法，無因常法不破故（修妬路）。汝雖破有因法，不破無因常法，如虛空、時、方、微塵、涅槃是無因法，不破故，應有諸法。

　　內曰：若強以為常，無常同（修妬路）。汝有因故說常耶？無因故說常耶？若常法有因，有因則無常；若無因說常者，亦可說無常。

　　勝論師指出，應有諸法，原因是無因常法不破。〔案：論主在先前的幾品破斥瓶、蓆等事物的實在性，對於勝論所說的無因常法

則只在〈破神品〉中破了我、意，其餘七種在實句中包含的無因法仍未破。而按照勝論的理論，這些無因法由於是獨立自存，不用依靠其他因素而存在，故為常住法。勝論師指出，由於諸法以這些無因常法為因，原因具有實在性，故作為結果的諸法亦應具實在性。因此，勝論師指出應有諸法。〕

　　婆藪解釋，勝論師認為論主在先前只破了有因法〔案：即瓶、蓆等諸法。〕但沒有破無因常法，如虛空、時、方、微塵、涅槃都是無因法，這些法不破，故應有諸法。〔案：勝論師在這裏是以無因法挽救有因法的實在性。無因法是有因法的因，作為因的無因法是實在的，作為果的有因法承接了這種實在性，故亦應是實在的。勝論所說的無因法即是六句義中實句所包含的九種事物，即地、水、火、風、虛空、時、方、我、意。其中的我和意由於在〈破神品〉中已被辯破，故在此不能直接指出二者為實在。其餘七種中，地、水、火、風通稱微塵，加上虛空、時、方都已列舉。至於涅槃則是各宗教普遍認許的修行目標，但當時的勝論未有將涅槃列為實句，顯示他們不以涅槃為一種肯定的、實質的存在事物，如微塵等，而是一種否定的、離苦的狀態。勝論師舉出涅槃跟微塵等同樣是無因法，用意是預計提婆總不能全面否定無因法的實在性，因為當中的涅槃是佛教亦認許存在的。〕

　　論主提出質疑說，如果沒有任何依據而說以上事物是常，則亦同樣可說是無常。〔案：論主質疑勝論師說虛空、時、方等事物是常法，其理由是甚麼呢？如果沒有任何理由而強行說是常，則同樣可以說是無常。〕

　　婆藪解釋，勝論師是有理由地說虛空、時、方等事物是常法，抑是沒有理由而說該等事物是常法呢？婆藪指出，如果說常法有

因，有因則無常；如果無因而說該等事物為常，則亦可說它們是無常。〔案：婆藪的解釋中所說的「因」可有兩個意思，一是原因（cause），即是作因，二是理由（reason）。若按照論主的修妬路的意思，應解作理由。婆藪先提問「汝有因故說常耶？無因故說常耶？」當中的「因」解作理由，這沒有問題。但他接著說「若常法有因，有因則無常」，當中的「因」只能解作原因，不能解作理由。其後又說「若無因說常者，亦可說無常」，這裏的「因」又復解作理由，這樣亦切合論主的意思。在此可見婆藪混淆了「因」的兩種意思。[33]〕

2. 外曰：了因故無過（修妬路）。有二種因：一作因，二了因。若以作因，是則無常，我、虛空等常法，以了因故說常，非無因故說常，亦非有因故說無常，是故非強為常。

　　內曰：是因不然（修妬路）。汝雖說常法有因，是因不然。神先已破，餘常法後當破。

　　勝論師解釋，他是基於「了因」而說虛空等事物為常，故無過失。〔案：「了因」即是能藉以了知某事物的途徑。〕

　　婆藪解釋，勝論師指出有兩種因：一是作因，二是了因。〔案：作因即筆者所說的原因（cause），了因即是能藉以了知事物的途徑，能了知某事物即有理由（reason）說某事物為常或無常。〕若說事物有作因，則該事物為無常。然而，勝論師所說虛空等事物為常，

33　吉藏在《百論疏》亦將這「因」解作理由，他說「今問其有所以因，無所以因」，意思是說其為常的理由，說其為無常的理由。（大 42.295a）

是基於了因而說。勝論師指出，他並非沒有任何理由而說虛空等事物為常，亦不是以有作因而說是無常，所以他不是強說虛空等為常。

〔案：勝論師在這裏澄清了婆藪混淆之處，指出「因」有兩種：作因、了因。婆藪在上段說「若常法有因，有因則無常。」當中的「因」應是作因。若事物有作因，就是需依因待緣，那就必定無常。但勝論師說虛空等為常，第一不是說它們有作因，第二不是沒有任何理由而說常，他是基於了因而說，這了因就是勝論師說虛空為常的理由。〕

論主回應，指勝論師所提的了因不能成立。

婆藪解釋，勝論師雖然基於了因而說虛空等為常法，但他認為此因不成立。勝論所說的神我亦屬其所說的常法，但在〈破神品〉中已破，其餘的所謂常法亦將被破。

3. 外曰：應有常法，作法無常故，不作法是常（修妬路）。眼見瓶等諸物無常，若異此法，應是常。

內曰：無亦共有（修妬路）。汝以作法相違故，名不作法。今見作法中有相故，應無不作。復次，汝以作法相違故，不作法為常者，今與作法不相違故，是應無常。所以者何？不作法、作法同無觸故，不作法應無常。如是遍常、不遍常，悉已總破，今當別破。

勝論師指出，應有常法，原因是作法無常，故與作法相違的不作法應是常。

婆藪解釋，現見瓶等作法無常，因此，與作法相異的不作法應是常。〔案：勝論師的推論可以邏輯符號表述如下：

假設一切法只包含作法與不作法兩種，設 P 是作法，Q 是常。

「作法無常」即 $P \supset \sim Q$

「不作法是常」即 $\sim P \supset Q$

按照邏輯規則，$P \supset \sim Q \rightarrow Q \supset \sim P$（常是不作法）。從「作法無常」不能推出「不作法是常」，只能推出「常是不作法」。另外，如果一切法之中包含常法，按照以上推論，該等常法應是不作法。但問題是一切法之中是否包含常法呢？〕

論主指出，「無亦共有」，意思是無常這種性格是作法與不作法所共有的。〔案：倘若如論主所說，作法與不作法皆為無常，即表示一切法中沒有常法。〕

婆藪解釋，勝論師把跟作法相違的法稱為不作法。現見作法有相，應沒有不作法。〔案：婆藪的推論是，若按照勝論師的說法，跟作法相違的就是不作法，現作法有相，故與之相違的不作法應無相，無相則無此法。故婆藪說「應無不作法」。〕再者，勝論師基於與作法相違，而說不作法為常，如果按照同一原則，由於作法與不作法不相違，而作法無常，故不作法亦應無常。他再解釋這一點，不作法與作法同樣是無觸，因此不作法與作法應同樣為無常。〔案：心法，例如思維某東西，是一種作法，這種作法無色、聲、香、味、觸；勝論所說的不作法例如虛空，亦無色、聲、香、味、觸，如果按照勝論師的原則，作法與不作法同樣是無觸等，二者即是不相違，現見作法無常，故不作法亦應無常。〕這樣已總破遍常、不遍常，以下再就勝論師所說的無因常法逐一地辯破其實在性。〔案：「遍常」即遍滿而常，指勝論所說的虛空、時、方等；「不遍常」即不遍滿而常，指勝論所說的地、水、火、風四種微塵。〕

4. 外曰：定有虛空法，常、亦遍、亦無分、一切處、一切時，信

有故（修妬路）。世人信一切處有虛空，是故遍；信過去、未
來、現在一切時有虛空，是故常。

內曰：分、中分合故，分不異（修妬路）。若瓶中向中虛空，
是中虛空為都有耶？為分有耶？若都有者，則不遍；若是為遍，
瓶亦應遍。若分有者，虛空但是分，無有有分名為虛空。是故
虛空非遍，亦非常。

勝論師指出，必定有虛空法，其為常、遍滿、整一無分、遍於
一切處、一切時，世人皆相信有故。

婆藪解釋，勝論師認為世人皆相信一切處有虛空，因此為遍滿；
亦相信過去、現在、未來，即一切時有虛空，因此為常。〔**案：勝
論師在這裏以世人皆相信為理由，說虛空為遍常。**〕

「分中分」意思是虛空的各部分之中，在瓶中的一分。〔**案：
勝論師指虛空「無分」，表示虛空是一個整體，不能分割成多部分。
但論主則指虛空其實有多部分，「分中分」即指多部分之中處於瓶
中的一分，即是指瓶內的空間。**〕

論主的回應之意思是，虛空的多部分之中處於瓶中的一分與瓶
結合，成為瓶的一部分。這樣，虛空則是可分成多部分，跟其他事
物可分成多部分的情況無異。

婆藪解釋，瓶之中向內的空間為虛空，這瓶中的虛空是虛空的
整體，抑是虛空的部分呢？〔**案：「都有」表示整體，「分有」指
部分。**〕如果說瓶中的虛空是虛空的整體，瓶外就沒有虛空，則虛
空不是遍滿。如果仍堅持說虛空為遍滿，由於虛空在瓶中，則瓶亦
應是遍滿。如果說瓶中的虛空只是虛空的部分，即表示虛空可分成
多部分。〔**案：由於瓶可有多個，故虛空亦可有多分。**〕婆藪更指

出，具有多部分的不能稱為虛空。故虛空非遍，亦非常。〔**案：虛空若非遍，即是並非充盈於每一處，非充盈則可動，可動則非常。**〕

5. 外曰：定有虛空，遍相亦常，有作故（修妬路）。若無虛空者，則無舉、無下、無去來等。所以者何？無容受處故。今實有所作，是以有虛空，亦遍亦常。

　　內曰：不然，虛空處虛空（修妬路）。若有虛空法，應有住處；若無住處，是則無法。若虛空孔穴中住者，是則虛空住處空中，有容受處故。而不然，是以虛空不住孔穴中。亦不實中住，何以故？實無空故（修妬路）。是實不名空，若無空則無住處，以無容受處故。復次，汝言作處是虛空者，實中無作處故，則無虛空，是故虛空亦非遍，亦非常。復次，無相故無虛空，諸法各各有相，以有相故，知有諸法，如地堅相，水濕相，火熱相，風動相，識知相。而虛空無相，是故無。

　　勝論師重申必定有虛空，而且它的相是遍滿和常，理由是事物有作。

　　婆藪解釋，勝論師認為，如果沒有虛空，事物就不能向上升，不能往下降，亦不能去來，原因是無容受處。現見種種事物實有作業，由此可見有虛空，而且是遍和常。〔**案：勝論師的理由是，如果沒有虛空，事物就是充塞於每一處，由於事物之間有對礙，故充塞著的事物應不能移動，不能作業。但現見種種事物有作業，故知有虛空，而且恆常能作業，故虛空亦是常。**〕

　　論主提出，虛空的住處為虛空。

　　婆藪解釋，如果按勝論所說，虛空法是實有。實有的東西應有

住處,即是有其存在的空間。如果說虛空住於孔穴中,孔穴即是空間,則虛空的住處就是虛空,因其有容受之處。〔案:若說虛空住於虛空之中,即有兩個虛空,這樣,虛空就不是整一的,這違反了勝論本身的義理。〕因此,虛空不應住於孔穴之中。

論主又指出,虛空亦不住於實中,即充塞著其他東西之處,因為實中沒有空間。

婆藪解釋,實不是空,即無空間,無空間則無住處,不能容納東西。此外,勝論師說其他事物作業之處是虛空,即使這樣,實中不能作業,不能作業則無虛空,因此虛空非遍,亦非常。〔案:實即是充塞著其他東西之處,充塞著則不能移動,不能作業即無虛空。既然實中沒有虛空,則虛空並不是遍滿。原本是虛空之處若有其他東西移至,則成為實,變成沒有虛空,故虛空非常。〕婆藪又指出,無相故無虛空。一切事物各各有其相狀,由於有相狀才知有該事物。例如地有堅相,水有濕相,火有熱相,風有動相,覺識有認知事物的特性。然而,虛空沒有相狀,所以沒有虛空。〔案:婆藪的所說,其依據應是任何東西必須有被人認知的相狀,倘若不能被認知,我們則不能說某事物存在。〕

6. 外曰:虛空有相,汝不知故無。無色是虛空相。

內曰:不然。無色名破色,非更有法,猶如斷樹,更無有法,是故無有虛空相。復次,虛空無相。何以故?汝說無色是虛空相者,若色未生,是時無虛空相。復次,色是無常法,虛空是有常法,若色未有時,應先有虛空法。若未有色,無所滅,虛空則無相。若無相,則無法,是故非無色是虛空相,但有名而無實。諸遍常亦如是總破。

　　勝論師認為虛空有相。他指出，無色就是虛空的相。〔案：勝
論師運用事物作對比而顯出虛空。正如婆藪所說，一切事物各有其
相狀，如果去除各種事物，則沒有事物的相狀，那就是虛空的相狀。〕
　　論主否定勝論師的說法。他先指出，無色就是除去一切事物，
那就沒有事物，若說虛空是實法，就連虛空也沒有，因此沒有虛空
之相。其次，虛空無相。理由是勝論師說除去各種事物後就是虛空
的相，那麼，當事物未生時，就沒有虛空相。〔案：勝論師以有物
的狀態作對比以顯出虛空的相，那就必需先有物，然後把事物去
除，將前後兩種狀態作對比而說後者是虛空的相。然而，當事物未
生起，就沒有事物被去除，這時則沒有虛空相。〕再者，按勝論的
義理，虛空是常法，而色是無常法，因此，即使未有色之時，亦應
先有虛空。然而，當色未生起之時，就沒有色被除去，這時則沒有
虛空相。若無相，則不能說某事物存在，因此不能說無色是虛空的
相。在無相則無法的總原則下，其餘各種勝論所說的遍常的事物都
同樣被論破。

7.　外曰：有時法，常相有故（修妬路）。有法雖不可現見，以共
　　相比知，故信有。如是時雖微細不可見，以節氣花、實等故知
　　有時，此則見果知因。復次，以一時、不一時，久、近等相故，
　　可知有時。無不有時，是故常。
　　內曰：過去未來中無，是故無未來（修妬路）。如泥團時現在，
　　土時過去，瓶時未來，此則時相。常故，過去時不作未來時。
　　汝經言時是一法，是故過去時終不作未來時，亦不作現在時。
　　若過去作未來者，則有雜過。又過去中無未來時，是故無未來。
　　現在亦如是破。

勝論師指出有時法,因為時法有常相。〔**案:按論主上面所說,無相則無法,但勝論師認為時法有常相,故說有時法。**〕

婆藪解釋,勝論師認為,某些存在的事物雖然不能現見,但可以推度得知,因此可相信其存在。故此,時雖然微細不可見,但觀察四季不同的景象,例如開花、結果等現象,可推知有時,這是見果推知其因。〔**案:勝論相信時是令四季呈現不同景象,令植物開花、結果的原因。現見如此結果,可推知其因必存在。**〕此外,此時間與其他時間有新近、久遠等不同相狀,由此可知有時。從來沒有「不有時」的情況,因此,時是常。〔**案:當前的一剎那為「一時」,此外的其餘時間為「不一時」。當前的時間有最新近的相,其餘時間則有不同程度的久遠的相,既然有近、遠等相,故可知有時。**〕

論主回應說,在「未來」之中沒有「過去」,因此沒有未來。〔**案:論主的意思是,過去常住於過去,故未來中沒有過去。倘若如勝論師所說時是常,即過去亦是常,過去常在則未來不會來,這並不合理。假若過去常在而未來到來,則未來中會有過去,這亦不合理。**〕

婆藪解釋,例如現前有泥團,泥團時是現在;這泥團過去曾是土,故土時是過去;而這泥團未來將成為瓶,故瓶時是未來,這些是時的相。〔**案:這是仿效勝論師以現象事物推知有時,正如勝論師以季節、花、實推知有時。**〕倘若如勝論師所說,時是常,則過去時不會成為未來時。婆藪舉出《勝論經》所說,時是一實在的法。實在則不會改變而常住,故過去時始終不成為未來時,亦不成為現在時。倘若過去時成為未來時,而過去終不能滅去,則未來時將夾雜過去時,這並不合理。另外,過去時中沒有未來時,故此無未來。

現在時亦可同樣地被論破。〔案：倘若以過去時為因，未來時為果。過去不變成未來，即因不變為成果；而過去中無未來，即因中無果。因不變為果，而且因中無果，何來有果呢？故此，無未來。〕

8.　外曰：受過去，故有時（修妬路）。汝受過去時故，必有未來時，是故實有時法。

　　內曰：非未來相，過去（修妬路）。汝不聞我先說，過去土不作未來瓶？若墮未來相中，是為未來相，云何名過去？是故無過去。

　　勝論師指論主接受過去，故有時。〔案：論主在前段中破未來和現在，但未有破過去，故勝論師指論主接受有過去。〕

　　婆藪解釋，勝論師認為論主接受有過去時，既然有過去時，則必有未來時，因此實在有時。

　　論主回應說「非未來相，過去。」〔案：按照《百論疏》的解釋，這句話指出了兩點。第一，「非未來相」表示過去自是過去，不會成為未來。第二，「過去」表示如果過去變成了未來，則失去了過去。吉藏還指出，這個解釋基本上是依照著婆藪的注解。（大42.297c-298a）〕

　　婆藪解釋，過去土不作未來瓶。〔案：這表示過去不會成為未來。〕倘若過去墮入未來相中，既為未來相，怎能稱為過去呢？因此無過去。〔案：筆者未能認同《百論疏》的解釋，理由如下。首先，吉藏說「以過去土相自住過去，不作未來瓶相故也。」但婆藪的注解並沒有「過去土相自住過去」的意思。第二，吉藏的說法易令人誤解過去時住於過去，這有將過去時視為實在的傾向。第三，

勝論師在本段指論主接受有過去時，適當的回應當為否認有過去時，但吉藏的解釋並沒有作適當的回應。第四，婆藪的解釋最末一句是「是故無過去」，這句話總結了婆藪的這段注釋，但吉藏的一段解釋卻不能以這句話來總結。因此，筆者認為吉藏以為自己是按照婆藪的注釋作疏解，實質是誤解了婆藪的意思。婆藪注釋的意思應是，過去以土為相，未來以瓶為相，過去的土相並不等同未來的瓶相。現今沒有土相，無相則無物，故無過去。即使未來再有土相，那土相則為未來相，不能稱之為過去。因此沒有實在的過去時。至於論主的修妬路說「非未來相」，相應於婆藪說的「過去土不作未來瓶」，意思是過去的土相並不等同未來的瓶相。而「過去」的意思是過去時已過，現今以至未來都沒有過去時。倘若過去時是實在的，則現今以至永遠都應有過去時。〕

9. 外曰：應有時，自相別故（修妬路）。若現在有現在相，若過去有過去相，若未來有未來相，是故有時。
   內曰：若爾，一切現在（修妬路）。若三時自相有者，今盡應現在。若未來是為無，若有不名未來，應名已來。是故此義不然。

　　勝論師指出應有時，因為三時有各別的自相。
　　婆藪解釋，勝論師認為現在時有現在相，過去時有過去相，未來時有未來相，故此有時。〔案：有相則知有物，勝論師認為三時各有自相，故應有時。〕
　　論主回應，若按照勝論師所說，則一切都是現在。
　　婆藪解釋，如果三時都有自相，如今應全都是現在。未來時是

無,現前若有則不能稱為未來。因此,勝論師的說法不合理。〔案:
勝論師以三時皆有其自相為理由,說應有時。論主則指出,若說有
相,則應在現前有。有相表示能夠被認知,而認知只能在現前進行,
因此,若是有相,應在現前顯出其相。然而,在現前顯出的相都是
現在相。因此,只有現在相,沒有過去相和未來相。若說未來相在
現前顯出,則不能稱為未來相,應稱作已來相,這即是現在相。〕

10. 外曰:過去、未來行自相,故無咎(修姤路)。過去時、未來
     時不行現在相,過去時行過去相,未來時行未來相,是各各行
     自相,故無過。

     內曰:過去非過去(修姤路)。若過去過去者,不名為過去。
     何以故?離自相故,如火捨熱,不名為火,離自相故。若過去
     不過去者,今不應說過去時行過去相。未來亦如是破。是故時
     法無實,但有言說。

     勝論師指出,過去和未來皆各行自相。〔案:所謂行自相,即
展現自身的相狀。〕

     婆藪解釋,勝論師認為過去時和未來時都不行現在相。過去時
行過去相,未來時行未來相,二者各行自相。

     論主回應說,過去不是過去。〔案:論主的意思是,倘若如勝
論師所說,過去時行過去相,則過去不是過去。〕

     婆藪解釋,如果過去時過去,則不能稱為過去時,因為它離開
了自相,就如火離開了熱相不能稱為火。〔案:過去時的自相就是
過去。所謂「過去」,指事物捨去原本的相狀。假設將過去時視為
實在的事物,這事物原本的相狀應是過去相,若它行其自相,就即

是行過去相，這即是捨去原本的相狀。當這事物捨去原本的相狀，就不復為過去相。這樣，過去時離開了過去相，就不能稱為過去時。〕相反，如果過去時不過去，就不應說過去時行過去相。〔案：不行過去相的，不應稱為過去時。因此，無論說過去時行自相或不行自相，都沒有過去時。〕未來時亦可同樣地破。因此沒有實在的時法，只有言說。〔案：可用同樣的方法破未來時。未來時的自相應為未來，若未來時行自相，即未來時未來。「未來」表示體相未成立。未來時若行自相，即表示其體相未成，故沒有未來時。若說未來時體相已成，即未來時不行自相，則不能稱為未來，故亦沒有未來時。婆藪就時法作總結，指時法無實體。但他不是完全否定時法，他指出「但有言說」，表示時法是言語、概念，而不是實體。〕

11. 外曰：實有方，常相有故（修妬路）。日合處是方相。如我經說：若過去，若未來，若現在，日初合處是名東方，如是餘方隨日為名。

內曰：不然。東方無初故（修妬路）。日行四天下，繞須彌山，欝單越日中，弗于逮日出，弗于逮人以為東方。弗于逮日中，閻浮提日出，閻浮提人以為東方。閻浮提日中，拘耶尼日出，拘耶尼人以為東方。拘耶尼日中欝單越日出，欝單越人以為東方。如是悉是東方、南方、西方、北方。復次，日不合處，是中無方，以無相故。復次，不定故，此以為東方，彼以為西方是故無實方。

勝論師轉而提出方為實在。他說實有方，理由是方有恆常的相。婆藪解釋，勝論師指出，日與地會合之處就是方的相。勝論師

引《勝論經》所說，無論在過去、未來或現在，日與地初合之處名為東方，其餘方位隨著與日的相對位置而立名。〔**案：由於在過去、現在、未來，方位的名稱都不變，故方有常相。**〕

論主指出，東方沒有確實的初合之處。

「四天下」涉及古印度人對世界的觀念，他們認為世界的中央是須彌山（Sumeru-giri），而四面分別是北拘盧洲（Uttara-kuru dvīpa，即欝單越）、東勝身洲（Pūrva-videha dvīpa，即弗于逮）、南贍部洲（Jambu dvīpa，即閻浮提）、西牛貨洲（Apara-godānīyo dvīpa，即拘耶尼）。四天下即指四大洲。

婆藪解釋，日每天行經四天下，圍繞須彌山。當欝單越日在中天之時，弗于逮則剛日出，日出即是日與地初合，弗于逮為初合之處，故應為東方。但到了弗于逮日在中天之時，閻浮提日出，這時閻浮提是初合之處，亦應稱為東方。到了閻浮提日在中天時，拘耶尼日出，則拘耶尼亦應為東方。同樣地，在拘耶尼日中之時，欝單越日出，故亦應為東方。這樣，每處都可稱為東方、南方、西方、北方，故無實在的方。此外，日不合處，如背日之處，則無方，因為勝論師認為「日合處是方相」，日不合處即是無方相，無相則無物，故無方。再者，所謂方是隨處而變的，此處人以此地為東方，彼處人卻以之為西方，故無實在的方。〔**案：論主的意思是，方只是相對的概念，由於沒有確實的初合之處，故沒有絕對的東方，故方不是實在的東西。**〕

12. 外曰：不然。是方相一天下說故（修妬路）。是方相因一天下說，非為都說，是故東方非無初過。

內曰：若爾，有邊（修妬路）。若日先合處是名東方者，則諸

方有邊，有邊故有分，有分故無常。是故言說有方，實為無方。

勝論師辯稱，方相只是就著一天下而說。〔**案：論主指四天下相對地都可稱為東方、南方、西方、北方，故沒有確實的方。勝論師則辯稱方相只是就著其中一天下而說，故無相對的問題。**〕

婆藪解釋，勝論師認為方相只就著一天下而說，不是就全世界總說，因此沒有無初合之處的過失。

論主回應指，若按勝論所說，則各方有邊。

婆藪解釋，如果日與地先合處稱為東方，則各方均有固定的邊際，這即是將方分為東方、南方、西方、北方等各分。有分就不是整一，不是獨立自在，卻需依待各分，故無常。因此，方只在言說、概念上有，沒有實在的方。

13. 外曰：雖無遍常，有不遍常微塵，是果相有故（修妬路）。世人或見果知有因，或見因知有果，如見芽等知有種子。世界法見諸生物先細後麁故，可知二微塵為初果，以一微塵為因，是故有微塵。圓而常，以無因故。

內曰：二微塵非一切身合，果不圓故（修妬路）。諸微塵果生時，非一切身合。何以故？二微塵等果，眼見不圓故。若微塵身一切合者，二微塵等果亦應圓。復次，若身一切合，二亦同壞。若微塵重合，則果高，若多合，則果大，以一分合故，微塵有分，有分故無常。復次，微塵無常。以虛空別故（修妬路）。若有微塵，應當與虛空別，是故微塵有分，有分故無常。復次，以色、味等別故（修妬路）。若微塵是有，應有色、味等分，是故微塵有分，有分故無常。復次，有形法有相故。若微塵有

形，應有長、短、方、圓等。是故微塵有分，有分故無常，無
常故無微塵。

　　勝論師再指出，雖然沒有遍而常的虛空、時、方，但有不遍而
常的微塵，包括地、水、火、風，因為有微塵果的相。〔案：論主
在上文已先後破斥了虛空、時、方的實在性，在勝論師看來，三者
都是遍而常的。既然三者都先後被破，故勝論師轉而提出不遍而常
的微塵為實在。勝論師大概認為，前三者都不能現見，難以證立三
者的相，但微塵的果，即是現見的諸法，應能證立其為實在。〕

　　婆藪解釋，勝論師認為世人見果可推知有因，或見因而推知有
果，例如見芽、莖、葉等可知有種子。世間的事物皆可見是先幼細
後粗大，由此可知二微塵是初果，而此初果以一微塵為因，故此有
微塵。微塵圓而常，因為它無因。〔案：現前可見世間事物由小積
集而成為大，一切事物都是微塵積集成的果，因此，二顆微塵的積
集就是最初的果。而這初果是以一顆微塵為因，故單一的微塵是一
切事物的因，而單一的微塵再沒有因，故單一的微塵只為因，不為
果，二顆微塵積集而成的即為初果。另外，由於微塵不是遍滿，故
每顆微塵應有邊。但是，如果微塵有二邊或是多邊，即是由二邊或
多邊組成，故有分，有分則不是整一，因而無常。因此，微塵只能
有一邊，故是圓。微塵整一，故是常。〕

　　論主回應，勝論師所說的二微塵初果，當中的二顆微塵並不是
整體地結合，因為現見果不是圓的。

　　婆藪解釋，假設如勝論師所說，事物是由微塵積集而成的果，
這微塵果生起時，當中的微塵不是整體地結合。原因是眼所見的微
塵果不圓。如果微塵的結合是整體的結合，則二微塵等果亦應圓。

〔案：單一微塵是圓，若二顆微塵整體結合，結果亦應是圓，以至
再與更多微塵結合，結果也應是圓。但現見微塵積集的結果不是
圓，故知微塵間不是整體地結合。〕再者，如果二顆微塵整體地結
合，由於二者有對礙，所以會同被破壞。如果二微塵上下重叠，其
果則高。如果多個微塵結合，其果則大，這是由於微塵之間只是部
分結合。既然是部分結合，即表示微塵有分，故無常。

論主再指出，微塵無常，由於與虛空別異。

婆藪解釋，虛空為無而無分，倘若微塵是有，即與虛空別異，
故應有分，有分故無常。

論主再指出，微塵應有色、味等不同部分。

婆藪解釋，如果微塵是有，應如其他事物般具有色、味等不同
部分。如此則微塵有分，有分故無常。此外，有形的事物應有相，
有相則有長、短、方、圓等性格，因此，微塵有分，故無常。無常
即非實在，故無實在的微塵。

14. 外曰：有涅槃法，常，無煩惱，涅槃不異故（修妬路）。愛等
諸煩惱永盡，是名涅槃。有煩惱者，則有生死；無煩惱故，永
不復生死。是故涅槃為常。

內曰：不然。涅槃作法故（修妬路）。因修道故，無諸煩惱。
若無煩惱是即涅槃者，涅槃則是作法，作法故無常。復次，若
無煩惱，是名無所有，若涅槃與無煩惱不異者，則無涅槃。

〔案：當時勝論所主張的六句義，其中的實句所包括的地、水、
火、風、虛空、時、方、我、意，都先後被論主辯破其實在性，勝
論師最後提出涅槃為有。勝論師大概以為涅槃是各宗教普遍認許的

存在事物，佛教亦不例外，以涅槃為修行的終極目標，他估計論主應不會否定涅槃為有。〕勝論師提出有涅槃法，此法為常、無煩惱，因為涅槃不變異。

婆藪解釋，勝論師指出，愛等種種煩惱永盡名為涅槃。若有煩惱，則有生死；無煩惱則不復生死。因此涅槃為常。〔案：當時印度各宗教普遍認為煩惱是生死輪迴的原因，故無煩惱則無生死輪迴。而生命在生死輪迴中即無常，涅槃離開生死輪迴，故為常。〕

論主指出涅槃為作法，即是由做作而成的事物。〔案：論主並非認為涅槃是作法，這點在下面第 17 段會清楚表明。在這裏，論主這樣說只是順著勝論師的說法，按著這種說法，涅槃應為無常。論主的目的是要指出勝論師的說法中相矛盾之處。〕

婆藪解釋，無煩惱是以修道為因，修道是為著去除煩惱，結果就是無煩惱。如果無煩惱即是涅槃，則涅槃就是修道所成的結果，這即是作法，是作法則無常。再從另一角度說，無煩惱即是無所有，倘若涅槃與無煩惱不異，則涅槃亦無所有，那麼就無涅槃。〔案：煩惱是生死輪迴的因，無煩惱則無生死，無生死即無所有，因此，如果涅槃與無煩惱不異，則亦是無所有。〕

15. 外曰：作因故（修姤路）。涅槃為無煩惱作因。

內曰：不然。能破非破（修姤路）。若涅槃能為解脫者，則非解脫。復次，未盡煩惱時，應無涅槃。所以者何？無果故無因。

勝論師指涅槃是無煩惱的作因。

婆藪的解釋亦如是。〔案：勝論師否認無煩惱與涅槃不異，他指出涅槃是作因，而無煩惱是結果。無煩惱是通過修道而達致的，

在修道中，行者觀涅槃，而生起智慧，斷除惑障而無煩惱。因此，涅槃是達致無煩惱的因。〕

論主回應說，能破非破。〔案：「能破」是因，「非破」中的「破」是果。勝論師指涅槃是無煩惱的作因，意思即是涅槃能破煩惱，以達致無煩惱，即是解脫，故涅槃為破煩惱的因，解脫則是破煩惱所達致的果。論主的意思是，如果涅槃是破的因，就不應是破的果。〕

婆藪解釋，如果說涅槃是解脫的因，就不應是解脫。〔案：古印度各宗教普遍皆認同涅槃就是解脫，是果，而修道是解脫的因。故勝論師說涅槃是解脫的因並不合理。〕此外，當未盡煩惱時，即未達解脫之時，應無涅槃，由於無果，故無因。〔案：倘若按勝論師所說，涅槃是無煩惱的因，當未達無煩惱的時候，即是未得果之時，應無因，理由是無果則無因。未達無煩惱之果，故應沒有因，故無涅槃。〕

16. 外曰：無煩惱果（修妬路）。此涅槃非是無煩惱，亦非無煩惱因，是無煩惱果。是故非無涅槃。

內曰：縛、可縛、方便，異此無用（修妬路）。縛名煩惱及業，可縛名眾生，方便名八聖道。以道解縛故，眾生得解脫。若有涅槃，異此三法，則無所用。復次，無煩惱是名無所有，無所有不應為因。

數論師接著提出涅槃是無煩惱的果。〔案：勝論師以涅槃為無煩惱的作因的說法被論主辯破，數論師即接著提出涅槃是果。〕

婆藪解釋，數論師提出，涅槃不等同於無煩惱，亦不是無煩惱

的因，而是無煩惱的果。有因應有果，因此，並非沒有涅槃。

　　論主回應，涅槃若離開縛、可縛、方便，則無用。〔案：無用則無物，即無涅槃。〕

　　婆藪解釋，縛指煩惱及業，可縛是眾生，方便即是八聖道。所謂涅槃，是指以道解除煩惱和業的繫縛，讓眾生達致解脫的狀態。倘若有涅槃，而說涅槃與以上三者別異，則涅槃無用，無用則無涅槃。此外，數論師說無煩惱是涅槃的因，但無煩惱即是無所有，無所有怎能作因而生起涅槃呢？〔案：印度各宗教普遍認同煩惱是生死輪迴的因，無煩惱則無生死輪迴，即是不落入世間，故無所有。〕

17.　外曰：有涅槃，是若無（修妬路）。若縛、可縛、方便三事無處，是名涅槃。

　　內曰：畏處云何可染（修妬路）？以無常過患故，智者於有為法棄捐離欲。若涅槃無有諸情及所欲事者，則涅槃於有為法甚大畏處，汝何故心染？涅槃名離一切著，滅一切憶想，非有非無，非物非非物，譬如燈滅，不可論說。

　　數論師指出，有涅槃，猶如虛無。〔案：按照數論的宇宙論，自性原本在平衡的狀態中，寂靜猶如虛無。神我與自性結合後，令自性失卻平衡，由靜轉為動而生起覺（大有）、我慢，以至世間萬物。數論認為，世間的生命充滿著苦，修行者須修習數論義理，獲致真實知識（即二十五諦），就能令神我脫離覺，讓自性回復平衡、寂靜的狀態，這謂之涅槃，即是原初的虛無狀態。[34]〕

---

[34]　*A History of Indian Philosophy*, Vol.I, pp.265-267.

　　婆藪解釋，數論認為，當縛（煩惱）、可縛（眾生）、方便（在數論來說是二十五諦的知識）都滅去，就是涅槃。

　　論主回應，畏處云何可染？〔案：「畏處」指數論所說的涅槃，即是一種虛無狀態。而染則來自對世間事物的顛倒見，從而產生的執著。虛無則無世間，無世間何以有染著呢？另外，吉藏在《百論疏》將這句話理解為論主對數論師的呵斥。他指數論所說的涅槃是永死之坑，大怖畏處，指斥數論何故有此貪染。他所指的是數論灰身滅智的涅槃觀。（大 42.301a）但按照原文則未見有呵斥的意思，而應是說理。論主應是質疑數論的宇宙觀。他指出，如果涅槃即是原初的虛無狀態，沒有世間，何以會生起染著呢？〕

　　婆藪解釋，由於體悟無常為過患，即是苦的根源，故智者對於有為法，即是無常的世間棄損離欲。〔案：智者之所以棄損離欲，是以有為法是無常過患。但這並不表示虛無就是涅槃。倘若理解涅槃為虛無，就會設法滅去一切有為法而追求涅槃，使涅槃成為有為法之大畏處，因其拒斥有為法。然而，智者只求無執於有為法，而不是要斷絕於世間。故數論那種斷絕世間，追求虛無的做法並不可取。〕倘若涅槃如數論所說，無世間有情及其所欲的事物，則涅槃就是斷絕於世間，是有為法的大畏處，這樣，何故會心生染著呢？倘若以言語概念來說，涅槃離一切染著，滅一切憶想，非有非無，非物非非物，譬如燈滅，不可論說。〔案：這裏清楚表明涅槃不可論說，即是不能以言語概念來代表涅槃，即使「涅槃」這名稱本身也不能代表該境界。因此，婆藪特別強調「涅槃名離一切著……」，當中的「名」即表示所說的並不就是真實的涅槃本身，而是勉強以言語概念來表達。由於言語概念是就著世間事物而建立的，但涅槃非世間事物，故不能以言語概念代表真實的涅槃。倘若勉強以言語

來表達，論主則選擇採用遮詮的方式來說，目的是遮蔽一些錯誤的
想法。這裏指出涅槃非著，非憶想，非世間所想的有，亦非如數論
所提到的虛無，亦非一般世間事物，亦非如兔角等非物，若以譬喻
來說，有如燈滅。燈亮時顯出種種事物，這譬喻世間萬物，燈滅則
萬物不顯現。但這並不表示世間萬物滅去，因為萬物本非實在。因
此無所謂滅去。論主在這裏否定了涅槃的實在性，亦否定了涅槃為
虛無。〕

18. 外曰：誰得涅槃（修妬路）？是涅槃何人得？

內曰：無得涅槃（修妬路）。我先說如燈滅，不可言東去，南、
西、北方四維上下去。涅槃亦如是，一切語滅，無可論說，是
無所有，誰當得者？設有涅槃，亦無得者。若神得涅槃，神是
常是遍故，不應得涅槃。五陰亦不得涅槃。何以故？五陰無常
故，五陰生滅故。如是涅槃當屬誰？若言得涅槃，是世界中說。

外道提問：誰得涅槃？〔案：這裏提問的外道難以確定是勝論
抑是數論，因為兩者，甚至一般外道都會有這種疑問。一般外道都
以靈魂作為生命的主體，亦就是解脫的主體。但論主在上文否定了
涅槃的實在性，既然無涅槃，那麼，誰可得到涅槃而達致解脫呢？〕

論主的回答是：無得涅槃。〔案：一般外道以涅槃為實在，是
解脫時靈魂的所得，而靈魂則是能得。但論主已否定了涅槃的實在
性，既無所得，故無能得，亦無所謂「得涅槃」。〕

婆藪解釋，涅槃如燈滅，而不是存在於某處，故不是前往某處
便可以得到。一切言語均不適用於涅槃，故不能論說，即是非世間
的有。涅槃既然不是所得，故無能得者。再者，即使假設有涅槃，

亦沒有得涅槃者。外道以為神我得涅槃。然而，他們認為神我是常是遍，故不應得涅槃。〔案：**既然說神我是常，若得涅槃應已得、常得，故不應再得涅槃。既然神我是遍，應本已及於一切，不應再得任何東西。**〕亦有說五陰得涅槃。然而，五陰非常，有生滅，若說五陰得涅槃，則所得的涅槃亦隨著五陰而為無常，有生滅，這並不合理，故五陰亦不得涅槃。說得涅槃，只是世界中說，即是一種假說，沒有實得涅槃。〔案：**「世界中說」表示一種方便說法，以引導眾生趣向涅槃。質實地說，涅槃並不是世間的事物，因此不會成為我們的對象，故無所謂得或不得。**〕

第十節　破空品

在前面的各品中，論主先後辯破了數論所說的神我、自性，以及勝論所說的實句的九種實體和涅槃的實在性。至此，外道所執的實體無一能成立。然而，外道仍未能放下實體的執著，反而嘗試尋找論主的話語的矛盾之處。由於外道仍執著上述種種為實體，而這些實體被論主一一辯破，於是把上述實體理解為所破。既然有實在的所破，則應有實在的能破。論主破一切法的實在性，外道即理解論主為建立一切法空，因此，外道提出詰難，問論主的能破是有抑是無呢？如果能破是有，則論主不能說一切法空。如果能破是無，無能破則無所破，那麼，神我、自性等實體都未有被破，故一切法是有。

外道仍然執持實體的觀念，並且以一般辯論中雙方的立場來理解論主提婆以上所做的事。一般來說，辯論的雙方各持本身的立場，而這兩種立場是相違反的。例如勝論持因中無果論，而數論持因中

有果論，勝論要辯破因中有果論以確立自己的因中無果論。因此，外道以為提婆辯破實有，目的是確立空。提婆既然成功辯破實有，即是成功確立了空。空既然被確立，應不是無，不是無即是有。外道由此推出空應是有，於是提出以上的兩難。他們以為提婆若說空是有，即成自相矛盾；若說空是無，則以上的辯破全為無效。

然而，論主卻未有如外道所想以破實有來確立空。論主一直所做的是指出外道建立於實在論基礎上的義理，當中自相矛盾之處，由此破斥實在論的觀點。但論主卻沒有執取跟實在論相對反的虛無論，而且更同時否定實在論和虛無論。這種做法貫徹了龍樹一向所用的遮詮的手法，即是以否定的方式應對各種錯誤的見解，卻未有正面地建立一種與錯誤見解相對反的見解。這是由於一切的見解都是戲論，都不能真正代表諸法實相。由於實相不能以言語概念去表述，但又不能坐看邪說充斥世間，故龍樹、提婆等以遮詮的方式辯破邪說。當時印度各教派的見解主要為相反的兩方，一方執諸法為實有，如數論、勝論等，另一方執諸法為虛無，如順世外道。龍樹、提婆則同時破斥兩方，由此指向超越於有、無的境界。

面對外道未能放下實有的偏執，更推論至空亦是有，論主仍是採取遮詮的手法，在本品中辯破以空為實有的觀念，故本品題為〈破空品〉。

1.　外曰：應有諸法，破有故。若無破，餘法有故（修妬路）。汝破一切法相，是破若有，不應言一切法空，以破有故。是破有故，不名破一切法。若無破，一切法有。

　　內曰：破如可破（修妬路）。汝著破故，以有、無法欲破是破。汝不知耶？破成故，一切法空無所有。是破若有，已墮可破中，

空無所有。是破若無，汝何所破？如說無第二頭，不以破故便有；如人言無，不以言無故有。破、可破亦如是。

外道指出應有諸法，理由是論主所提出的能破是有。如果能破是無，其餘諸法應為有。〔案：在前面各品中，外道認為是實有的**種種事物都被論主一一辯破其實在性**。外道認為，在以上的辯破中，若從能與所的關係來說，種種實有的事物為所破，有所破就必有能破，而論主所提的能破為空。外道以為所謂破，是去否定一些事情，並以另一些事情取代之，例如破因中有果，必是為立因中無果。因此，他們以為論主破神我、自性等，並以空取代之，作為諸法的根源。基於這種理解，外道提出一個兩難，究竟論主藉以辯破神我等事物所依的能破是有抑是無呢？無論說能破是有或是無，他們以為結論都是諸法為有。〕

婆藪解釋，勝論師指論主破一切法相，若當中的能破為有，則不應說一切法空，因為此能破為有。既然能破為有，就不能說破一切法，〔案：**因為能破亦屬一切法的範疇，此能破未有被破，故不能說破一切法。**〕如果能破為無，則神我等種種事物未有被破，故種種事物為有。

論主回應說「破如可破」。〔案：當中前一個「破」是能破，即是空，「可破」則指一切法，論主辯破一切法的實在性，指一切法皆為空。這句的意思是，作為能破的空，如可破的法一樣，亦是空。〕

婆藪解釋，論主指外道執著於作為能破的空，嘗試以有法、無法這兩難的方式去辯破論主所說的空。婆藪又反問外道，為何不知道如果他們的辯破成立，結果會是一切法空無所有。〔案：**婆藪的**

意思是，外道以兩難的方式嘗試否定論主所說的空，結果反而是符合了論主主張的一切法空無所有的義理。〕婆藪繼續回應兩難的詰問，空若是有，則已墮於所破之中，成為空無所有。空若是無，則外道所破為何呢？正如人本身沒有第二個頭，不會因為你要破便是有；又例如人說一件東西為無，不會因為你要說這是無，而令東西成為有。〔案：**婆藪的意思是，如果空本身是無，則外道嘗試辯破空就會無所破。他要指出，外道由於對破有誤解，以為破是把原本是有的東西破除，令它變成無。婆藪舉第二頭為例，指出某事物原本若是無，不會由於人要破除、否定它，就把它視為有，再將它破除變成無。事實上，論主所作的破，並不是破除某些實在的東西，因為神我、自性等所謂實在的東西，原本就不存在，正如第二頭。由於外道的執著，以為神我、自性等為實在，故論主進行辯破。論主所破的是外道的執著，即是以為諸法是實有這種錯誤的見解。〕**能破與所破亦如是。〔案：**意思是作為能破的空，與所破的神我、自性等，這些東西原本就是無，並不應由於說破就把它們視為有。〕**

2. 外曰：應有諸法，執此、彼故（修妬路）。汝執異法故，說一法過；執一法故，說異法過。是二執成故，有一切法。

內曰：一非所執，異亦爾（修妬路）。一、異不可得，先已破。先已破故無所執。復次，若有人言汝無所執，我執一、異法。若有此問，應如是破。

外道指出，應有諸法，原因是論主執此破彼，以及執彼破此。

婆藪解釋，外道認為論主執異法以說一法為過；又執一法以說異法為過。由於執異、執一都成立，因此有一切法。〔案：**外道指**

的是論主在〈破一品〉和〈破異品〉中，先後辯破同一和別異。外道認為論主破同一的時候，是執著別異以指出同一的過失；而破別異之時，是執著於同一以指責別異的過失。既然論主成功辯破諸法同一的說法，即是確立了諸法別異的說法。反過來，論主辯破了諸法別異，就是確立了諸法同一。因此，諸法別異和同一都先後被確立，故有一切法。〕

論主回應指出，同一和別異都不是他的所執。〔案：論主在〈破一品〉和〈破異品〉中，重點在辯破諸法同一和諸法別異的理論，但外道卻以為論主執著別異以破同一，轉過來又執著同一以破別異。這顯示外道仍然執著於破，以為破一種理論必定基於執持著與之相反的理論，即是以為破一時必定執持著異，破異時必定執持著一。然而，論主卻從未有執持一或異。他在破一時，沒有依著異以破一；在破異時亦沒有依著一以破異。實際上，他是分別指出同一和別異兩種說法各自本身內在的矛盾，由此推論同一或別異兩種說法都不能成立。〕

婆藪解釋，先前已辯破了同一和別異兩種說法，既然已破，故二者都不是所執。此外，如果有人指你無所執，而他自己則執著同一或別異，你就應以這方法同時辯破同一和別異。〔案：外道執著事物為實有，在這前提下，事物之間若非同一，就必是別異。因此，外道以為論破一的時候必定執異，破異之時必定執一。但論主在這裏則表明，一、異均非所執。若在實在的前提下，同時否定一、異是不合理的。因此，論主這種做法目的並不是要否定事物為同一或別異，而是更徹底地要否定以事物為實在的觀念。〕

3. 外曰：破他法故，汝是破法人（修妬路）。汝好破他法，強為

生過,自無所執,是故汝是破人。

內曰:汝是破人(修妬路)。說空人無所執,無所執故非破人。汝執自法,破他執故,汝是破人。

由於論主辯破外道所執的實體的存在性,故外道指論主是破法人。

婆藪解釋,外道指責論主好破他人的義理,勉強提出別人的過失,但自己卻沒有建立另一種存在事物的基礎,因此說論主是破法人。〔案:外道以為就世間事物建立一套存在的義理,就是認識到真理,例如數論建立的二十五諦,勝論建立的六句義。然而,論主只管辯破他人的義理,自己卻沒有建立另一套存在理論,因此說論主是破法人。〕

論主反過來指外道是破法人。

婆藪解釋,說空人無所執。〔案:「說空人」指論主,因為論主主張一切法空。外道辯破其他義理時,採取的方式是執此破彼。例如數論執因中有果論,以破斥因中無果論。因此他們必有所執,才能破他者。但論主說空,既然了知一切是空,故無所執,無所執則不能執此破彼。因此論主說自己不是破法人。〕但外道則執取自法,破斥他者之所執,例如數論執取諸法同一,破斥勝論所執的諸法別異。故論主指外道才是破法人。

4. 外曰:破他法故,自法成(修妬路)。汝破他法時,自法即成。何以故?他法若負,自法勝故,是以我非破人。

內曰:不然。成、破非一故(修妬路)。成名稱歎功德,破名出其過罪。歎德、出罪不名為一。復次,成名有畏(修妬路)。

畏名無力。若人自於法畏，故不能成；於他法不畏，故好破。
是故成、破不一。若破他法是即自成法者，汝何故先言說空人
但破他法，自無所執？

外道反駁，他指出，破他者的義理即成就己方的理論。

婆藪解釋，外道認為，破他法的時候，即成立自法。因為倘若
他法落敗，就即是自法獲勝，因此他不是破法人。〔案：**外道認為
破他法等同於成自法，既然是成立自法，怎算是破法呢？**〕

論主回應，成與破並非同一。

婆藪解釋，「成」是稱歎其優勝之處，而「破」則是指出其過
失，故二者不是同一。

論主再指出，成是有畏。〔案：「畏」即是信服的意思。〕[35]

婆藪解釋，畏即是無力。一個人如果對於本教的義理無力，則
不能成就該義理。如果對於他者的義理不畏，故好破。因此，成與
破不是同一的。〔案：**婆藪的解釋跟論主的原意似有不同。本段文
字是要指出成與破不是同一，藉以反駁外道所說，破他法即是自法
成。文中提到「成名稱歎功德，破名出其過罪」，故成與破不是同
一。論主再指出「成名有畏」，我們當可合理地推斷他的意思是成
名有畏，破名無畏，故成與破非一。正如吉藏亦說「成則有畏，破
則無畏，畏、無畏殊，故知成破不一。」（大 42.306a）但婆藪卻說**

---

[35] 強昱將「畏」解釋為敬服（參考強昱釋譯《百論》，高雄：佛光文化
事業公司，1997，頁 227。）而吉藏和李潤生則解釋為佈畏（參考大
42.306a，及李潤生著《百論析義》下冊，臺北：全佛文化事業司，2001，
頁 1066。）當中的分歧將在下文交代。

「若人自於法畏，故不能成」，這明顯不符合以上的說法。吉藏雖然作出解釋，指這句是用以譏諷外道，意思是指外道於自法無力守護，故不能成。若單看這句話，似可通。然而，這句話跟上下文卻不配合，亦不符合本段的主旨，即是要指出成與破不是同一。因此，筆者認為婆藪這句注釋並不切合論主的原意。此外，吉藏和李潤生將「畏」解釋為佈畏，這解釋似符合婆藪所說「畏名無力」的意思。然而，若從整段來看，成名稱歎功德，名有畏；破名出其過罪，名無畏。畏則稱歎功德，則成；不畏則出其過罪，則破。將「畏」解釋為信服、敬服，應更為暢順，故筆者採強昱的解釋。〕婆藪繼續指出，如果破他法等同於成自法為甚麼外道剛才指說空人但破他法，自無所執呢？〔案：這顯示外道也承認破他法者不一定成自法。故成與破不是同一。〕

5.　外曰：說他執過，自執成（修妬路）。汝何以不自執成法，但破他法？破他法故，即是自成法。

　　內曰：破他法自法成故，一切不成（修妬路）。破他法故自法成，自法成故，一切不成，一切不成故，我無所成。

　　外道辯解說，指出他者主張的理論過失，即能成就自己主張的義理。

　　婆藪解釋，外道就上段的指責回應說，為何他指責說空人（指論主）不自執成法，只是破他法呢？因為他認為破他法即是自成法。〔案：外道堅持破他法者定成自法。〕

　　論主回應說，如果破他法即自法成，則一切不成。

　　婆藪解釋，由於論主的自法為空，如果說破他法即自法成，則

論主的一切皆空的義理得成。既然一切皆空，即一切非實。一切非實故論主無實質的所成。

6.　外曰：不然。世間相違故（修妒路）。若諸法空無相者，世間
　　人盡不信受。
　　內曰：是法世間信（修妒路）。是因緣法世間信受。所以者何？
　　因緣生法是即無相。汝謂乳中有酪、酥等，童女已妊諸子，食
　　中已有糞，又除梁椽等別更有屋，除縷別有布；或言因中有果，
　　或言因中無果，或言離因緣諸法生，其實空，不應言說世事。
　　是人所執，誰當信受？我法不爾，與世人同故，一切信受。

　　外道指論主所說的一切皆空，跟世人所信的相違。

　　婆藪解釋，外道認為，若說世間事物皆空無相，世間人完全不信受。

　　論主指出，一切皆空的義理為世間所信受。

　　婆藪解釋，這因緣的義理為世間所信受，理由是，說事物為因緣所生，即是指事物無相。〔案：即無性或無自性。〕外道說乳中有酪、酥等，等同於說童女已妊諸子，食中已有糞。〔案：這是數論所持的因中有果論。乳是因，酪、酥等是果；童女是因，諸子為果；食物為因，糞便是果。倘若以實在的基礎說因中有果，即是說童女已懷有諸子，食物中已有糞，這是世人不能認同的。〕另有外道又說，除梁椽等之外另有屋，除縷之外別有布。〔案：這是勝論所持的因中無果論。梁椽等是因，屋是果；縷為因，布為果。倘若以實在的基礎說因中無果，即是說因與果是兩樣別異的東西，那麼，梁椽與屋就是分離的，縷與布亦是分離的。這亦是世人不能接

受的。〕無論說因中有果，或因中無果，或說無因緣而諸法生，諸法為實空，不可說世間事物存在，這三類人所執的義理，誰應信受呢？但論主的義理卻與世人的想法相同，故全被世人信受。〔案：數論說因中有果，勝論說因中無果，二者都是在實在論的基礎上說。而第三類人說無因緣而諸法生，這些果為實空，即是無任何存在性，這是一種虛無論，持這種觀念的有唯物派（Cārvāka，又名順世外道）。無論是實在論或虛無論，都不符合世人所見所想。而論主所說的緣起性空義理，則切合世人的想法，故獲信受。〕

7.　外曰：汝無所執，是法成（修妬路）。汝言無執，是即執。又言我法與世人同，是則自執。

　　內曰：無執不名執，如無（修妬路）。我先說因緣生諸法，是即無相，是故我無所執，無所執不名為執，譬如言無，是實無，不以言無故便有無。無執亦如是。

　　外道指論主無所執，而所持的義理得成。

　　婆藪解釋，外道指責論主口說無執，卻是執著於無執，又說自己的義理為世人所認同，這正是自執。〔案：外道認為論主堅持說無執，然而，這正是執著於這無執的態度。另外，他又指論主說自己的義理為世所認同，他認為論主這是自誇，是一種自執。〕

　　論主回應說，無執不能說是一種對「無執」的執著，正如無不能說有「無」這一種東西。

　　婆藪解釋，在上段中說因緣生諸法，這即是無實在的自相，既然無相，故無所執。無所執不能說是一種。譬如說無就當真為無，不是說有「無」這一東西。無執亦如是，無執不能說是有一種對「無

執」的執著。

8. 外曰：汝說無相法，故是滅法人（修妬路）。若諸法空無相，
   此執亦無，是則無一切法，無一切法故，是名滅法人。
   內曰：破滅法人，是名滅法人（修妬路）。我自無法，則無所
   破。汝謂我滅法而欲破者，是則滅法人。

外道指責論主說無相法，因此是滅法人。〔案：論主在前段說因緣生法是即無相。無相故無實在性，因此，外道指論主否定一切事物的存在，是一種虛無論，故稱他為滅法人。而虛無論是絕大部分宗教（唯物派除外）所不能接受的。〕

婆藪解釋，外道認為如果諸法空無相，而對於「無執」的執亦無，則無一切法，這是否定一切法的存在，這樣的人就是滅法人。

論主反指外道才是滅法人，因為他破除滅法人。

婆藪解釋，論主本來就以事物為無，故無所破。然而，外道卻認為論主滅法，以論主為實在的滅法人而嘗試破之，這才是滅法人。〔案：所謂滅法，首先是認為事物是有，然後將事物滅除。然而，論主一向認為事物為無，故不會滅去任何東西。反之，外道以事物為有，並且認為論主把事物滅除，因而指論主是實在的滅法人，並要對論主進行破斥。外道這樣做才應稱為滅法人。〕

9. 外曰：應有法，相待有故（修妬路）。若有長必有短，若有高
   必有下，有空必有實。
   內曰：何有相待？一破故（修妬路）。若無一，則無相待。若
   少有不空，應有相待；若無不空，則無空，云何相待？

外道再提出事物應是有，因為有相待的情況。

婆藪解釋，外道指出，若有長必有短，若有高必有下，若有空必有實。〔案：外道先確立事物間有相待的關係，然後針對論主所說的空，在相待的原則下，若說有空，則必有實。由此推論有實在的事物。〕

論主則否定有相待的關係，理由是一已被破。〔案：「一」代表任何最少數的實在的東西。〕

婆藪解釋，如果沒有一，則無相待。如果少有一點東西為不空，亦應有相待；但是，若無不空，則無空，哪有相待呢？〔案：「一」是最小而表示有的數目，無一，即代表沒有任何實在的東西。論主同意，若長是有，則應有短；若高是有，則應有下；若空是有，則應有實。然而，即使最少的實在的東西都不成立，即是無長，故無短；無高，故無下；無不空，故無空；無空，故無實。另外，長與短相待而成的問題，在〈破一品〉第 13 段已討論過，可參考該段。因此不能說相待而有。〕

10. 外曰：汝無成是成（修妬路）。如言室空無馬，則有無馬。如是汝雖言諸法空無相，而能生種種心，故應有無。是則無成是成。

內曰：不然。有、無一切無故（修妬路）。我實相中種種法門，說有、無皆空。何以故？若無有，亦無無，是故有、無一切無。

外道指論主的論證所達致的無成，是一種成。〔案：外道認為論主推論至無物可成（無成），這無成的結果就是一種成，這便可說有「無成」，亦即是可說有「空」。這裏反映出外道仍然以實在

的思維去理解論主的否定概念。論主以至中觀學派基本上以遮詮的方式對實在論的觀點作出否定,然而,外道基於執著太深,仍然執持實在的思維,把論主用作否定的言詞實在化,理解為有「空」、有「無」。他們再基於相待的原則,以為「空」必定是相對於「不空」,有「不空」才能說有「空」。因此,既然有「空」,則必有「不空」;既然有「無」,則必有「有」。但實際上,論主所說的空或無只具否定的意義,因此不能說有「空」,只能說空有,即否定有或否定實在的意思。〕

　　婆藪解釋,外道認為,例如說室空無馬,則有「無馬」這種狀態。同樣地,如果論主說諸法空無相,而能生種種心,即是說有「無」的存在。因此說無成亦是一種成。〔案:外道這是將否定的言詞以肯定的、實在的方式去理解,因而說有「無」、有「無成」。〕

　　論主重申應從否定的觀點理解諸法,有和無都一同否定。

　　婆藪解釋,佛法中詮釋實相的種種方法,說有、無都是空,理由是,如果無「有」,則亦無「無」,因此,有和無都一同否定。〔案:論主在這裏重申對空的正確理解應為否定實在,即否定自性。而不應如外道般以實在、肯定的思維方式,以為論主說空即表示有「空」。外道這種想法是把「空」也視為一種實在的存有,而空是相對於不空而說,故有「空」則有「不空」。對於無亦是依著同一方式,故說有「無」則有「有」。因此,論主重申無「有」,亦無「無」;無「空」,亦無「不空」,這即是本品的旨趣。〕

11. 外曰:破不然。自空故(修妬路)。諸法自性空,無有作者,
　　　以無作故,不應有破,如愚癡人欲破虛空,徒自疲勞。
　　　內曰:雖自性空,取相故縛(修妬路)。一切法雖自性空,但

為邪想分別故縛。為破是顛倒，故言破，實無所破。譬如愚人
見熱時焰，妄生水想，逐之疲勞。智者告言，此非水也。為斷
彼想，不為破水。如是諸法性空，眾生取相故著，為破是顛倒
故言破，實無所破。

外道否定論主在以上各品所作的破，理由是論主說諸法本身就
是空。

婆藪解釋，外道指論主說諸法自性空，無有作者。既然無作，
就不應有破，這好比愚癡人欲破虛空，只是徒勞。〔案：外道所理
解的破，是就著一些實在的東西而破滅之。既然論主說諸法本就是
空，那就不應有破。因此，外道說論主以上所作的破都是徒勞。〕

論主回應，事物雖然自性空，但人們執取事物之相以為有實在
的體，故被所執的事物繫縛。

婆藪解釋，一切事物雖然自性空，但人們由於邪想分別而被繫
縛。〔案：所謂邪想，是一種錯誤的構想。在認識過程中，主體的
意識會將對象建構成圖像，作為對於對象的認識。當建構的圖像並
不對應於對象自身時，即為邪想（想是一種心所，作用是建構對象
的圖像）。分別則是把所認識的事物概念化。主體的意識把認識的
圖像區分，歸入某項類別範疇中，例如把一個圖像跟牛的概念對照
後，認為適合歸入這範疇中，這即是概念化。當化成概念後，對事
物的認識即被固定下來如同實在的東西。邪想分別會令主體對於對
象產生錯誤的認識，並且誤以為認識中的事物為真實而加以執著，
即形成繫縛。〕為著去除這種顛倒，故破，但並非將真實的東西
破滅。〔案：顛倒是與真實相反的判斷，例如把無看成是有，將假
誤認為真。〕這好比愚癡的人在曠野中見到熾熱的陽焰，卻錯誤地

構想為水，因而疲勞追逐。當智者告訴他這不是水，這樣只為令他去除錯誤的想法，並不是將水破滅。同樣地，諸法性空，但眾生錯誤地認識，以致執著為實在。論主為令眾生去除這顛倒見故說破，並沒有破除實在的東西。

12. 外曰：無說法，大經無故（修妬路）。汝破有，破無，破有無，今墮非有非無。是非有非無不可說。何以故？有、無相不可得故，是名無說法。是無說法，《衛世師經》、《僧佉經》、《尼乾法》等大經中皆無，故不可信。

內曰：有第四（修妬路）。汝大經中亦有無說法，如《衛世師經》：聲不名大，不名小；《僧佉經》：泥團非瓶、非非瓶；《尼乾法》：光非明、非闇。如是諸經有第四無說法，汝何言無？

外道指論主所說的義理是無說法〔案：後期勝論的義理發展至十句義，第十種句義即是無說。他們認為前面九種句義都是實在的存在，故亦應有實在的非存在，這實在的非存在即是畢竟無，稱為無說。〕因為在各重要的經典中皆沒有這樣的義理。

婆藪解釋，外道指論主破有、破無、破亦有亦無，以致落於非有非無。而非有非無不可說，原因是有相、無相皆不可得，這可稱為無說法。〔案：這有相、無相都是相。從外道的觀點看，一件實物存在，它所表現出的形相或特徵就是它的相，這是有相。當這件事物滅去，其後的狀態即為無相。所以，所謂有相、無相，都是在現象中表現出的某種狀態，都可以用言說表達。但論主否定有相、無相，即所謂非有非無，是則沒有任何相，沒有相即沒有物，無物

則不可說，因為言語、概念當相應於某些事物。外道這樣的想法是基於實在論的觀點。〕而這無說法在勝論、數論和耆那教的經典中都沒有，因此不可信。

論主指出，外道所說的經典中都有第四句。〔案：「第四」指四句（catuṣkoṭi）中的第四句。中觀學派（Mādhyamika）特別是龍樹（Nāgājuna）經常以四句作為論理的工具。四句的模式可套用於不同的主題，例如以有、無作為討論的主題，則四句包括：第一句「有」，第二句「無」，第三句「亦有亦無」，第四句「非有非無」。[36]當時印度各主要教派中，勝論、數論和其他婆羅門教派，都認為世間事物為實有，這相應於第一句。而唯物派（Cārvāka），即佛教所說的順世外道則以世間為虛無，這相應於第二句。耆那教（Jaina）則認為世間事物亦有亦無，這相應於第三句。佛教中觀學派則同時否定以上三種觀點，而說非有非無，這即第四句。〕

婆藪舉出《衛世師經》（Vaiśeṣika sūtra）、《僧佉經》（Sāṃkhya Sūtra）和《尼乾子經》中運用第四句的例子，證明各派都有這種說法。

13. 外曰：若空不應有說（修妬路）。若都空，以無說法為是，今者何以說善、惡法教化耶？

內曰：隨俗語故，無過（修妬路）。諸佛說法常依俗諦、第一義諦，是二皆實，非妄語也。如佛雖知諸法無相，然告阿難入舍衛城乞食。若除土、木等，城不可得，而隨俗語故，不墮妄

---

36 關於四句的結構、用法和意義，可參考吳汝鈞著、陳森田譯《中道佛性詮釋學：天台與中觀》（臺北：臺灣學生書局，2010），頁 142-145。

語。我亦隨佛學，故無過。

外道提出，如果按照論主所說。世間事物皆非有非無，即是空，論主為何有所說呢？婆藪解釋，外道指出論主若以一切皆空，這即是無說法，應不可說，為甚麼論主又說善、惡法呢？〔案：這是指論主在〈捨罪福品〉中指出佛所說為惡止、善行法。〕

論主解釋，佛說法常依循俗諦和第一義諦，二者皆為實，不是妄語。〔案：俗諦又稱世俗諦（saṃvṛti-satya），是經驗世間的真理；第一義諦（paramārtha-satya）又稱勝義諦、真諦，是究極的真理。為甚麼佛不單說第一義諦，而仍說世俗諦呢？這是由於眾生根器不同，不是所有眾生皆能直接了知第一義諦這超越的真理，故需以一般眾生易了解的世俗諦進行渡化，到根器成熟，再化以第一義諦，故龍樹在《中論》說：「若不依俗諦，不得第一義。」（大 30.33a）〕婆藪又舉例說明論主只是學習佛所用的方法，因此沒有過失。

14. 外曰：俗諦無，不實故（修妬路）。俗諦若實，則入第一義諦；若不實，何以言諦？

內曰：不然。相待故，如大小（修妬路）。俗諦於世人為實，於聖人為不實，譬如一奈，於棗為大，於瓜為小，此二皆實。若於棗言小，於瓜言大者，是則妄語。如是隨俗語故無過。

外道質疑論主所說的俗諦，他認為俗諦不實，故為無。

婆藪解釋，外道認為如果俗諦是真實，就應屬第一義諦；若不真實，則不應稱為諦。因此應無俗諦。〔案：外道這是簡單地劃分實與不實，實就是究極的真理，即第一義諦；不實就是虛妄，不能

稱為諦。他未有進一步區分兩種實,即兩種真理,在適用範疇上的不同,以及在實際作用上的不同。這正如《中論》所說:「若人不能知,分別於二諦,則於深佛法,不知真實義。」(大 30.32c)這正是外道目前的問題。〕

　　論主否認俗諦為無,並指出俗諦的性格為相待,如大與小相待。

　　婆藪解釋,俗諦於世人為實,於聖人為不實。他又以李作比喻,李相對於棗為大,相對於瓜則為小,這兩種說法都是實。倘若顛倒來說李相對於棗為小,相對於瓜為大,這則是妄語。這種相待的說法都是隨著世俗的言語方式,故無過失。〔案:這裏指出俗諦於世人為實,表示俗諦的適用範圍只在現象世間;於聖人為不實,這是因為俗諦不是究極的真理,不適用於超越世間的範疇,而聖人體悟超越世間的究極真理,故以俗諦為不實。世俗真理屬相對性,在相對中為正確的亦稱為實,不正確的才是妄語。所以在世俗的範疇中說世俗諦並無過失。〕

15. 外曰:知是過得何等利(修妬路)?如初〈捨罪福〉乃至〈破空〉,如是諸法皆見有過,得何等利?

　　內曰:如是捨我,名得解脫(修妬路)。如是三種破諸法,初〈捨罪福〉中破神,後破一切法,是名無我、無我所。又於諸法不受、不著,聞有不喜,聞無不憂,是名解脫。

　　外道向論主請教,他問,得知執著諸法為實是過失,有甚麼利益呢?

　　婆藪解釋,外道詢問,由初品〈捨罪福品〉至最末的〈破空品〉,得知以諸法為實皆有過失,會有何等利益呢?

　　論主回應，得知諸法非實則能捨我，名得解脫。〔案：諸法包括我和我所，即是自我以及自我所對的一切東西。了解我和我所都非實在，則不再執著而能捨我，捨我則再沒有繫縛，包括能縛的一切事物以及所縛的自我都沒有，沒有繫縛即名為解脫。〕

　　婆藪解釋，論主分三個步驟破諸法，最先是〈捨罪福品〉，接著是〈破神品〉，其後各品逐一破其餘諸法。盡破一切法名為無我、無我所。於諸法不受、不著、不喜、不憂，是名解脫。〔案：論主在〈捨罪福品〉中發起論端，以佛為世尊，以佛所說法為至深且淨。外道則就著這兩點提出質疑，而論主先確立堪稱世尊的條件，就是知諸法實相，明了無礙，又能說深淨法。又指出外道諸法所知的皆是邪見，不是深淨法。論主將佛法概括為惡止、善行法，又指出捨福才是解脫之道。在〈破神品〉中，論主否定外道所執的自我存在。然後，在其餘各品逐一否定外道所執的我所的存在。這樣，論主在整部論中既顯正見，亦盡破邪見，確立了大乘空宗的獨特地位。在本段中，論主總結了全論的意涵，就是捨我。捨我涵蓋了無我和無我所。既然無我、無我所，則雖面對諸法亦不為所動。不受、不著、不喜、不憂，這是由於無執，是則名解脫。在這裏亦可見到，論主雖然盡破諸法，但並非如外道所想的實有所破，因為諸法本空，無實法可破。論主的所謂破，只是指出諸法本非實在，然而，並不是徹底地否定諸法的存在性。這裏指出「於諸法不受、不著」，即表示仍然面對諸法，但不以其為實在，故無執。諸法不實在，故非有；其作用宛然，故非無。諸法非實在亦非無作用，這指向非實體性（non-substantial）以至非質體性（non-entitative）的實相觀，這是從否定方面說。若從肯定方面說，唯一能確認的就是作用。佛教與外道皆承認的，就是歷歷在目的現象事物。現象既然非實體，亦非

源自實體，能確認為存在的只有作用。這作用千差萬別，展現為各種姿態，其源頭唯有在邏輯上先在於差別作用的純粹作用。而作用本身就包含動感的意義，就此可指向純粹力動的實相觀。[37]〕

16.　外曰：何以言名得解脫，不實得解脫耶？

　　內曰：畢竟清淨故。破神故無人，破涅槃故無解脫，云何言人得解脫？於俗諦故，說名解脫。

　　外道問論主為甚麼說「名得解脫」而不說「實得解脫」呢？

　　論主回應，這是由於畢竟清淨。他在〈破神品〉中否定實在的自我，在〈破常品〉中否定涅槃為實在，故無實得涅槃。得涅槃為解脫，故亦無實在的解脫。佛法為甚麼說人得解脫呢？這是依俗諦而說，故說名解脫。〔案：「畢竟清淨」即是畢竟空，空故無人，無涅槃，亦無解脫。若從另一角度說，有情執著諸法，因而被繫縛，由於諸法本空，所以繫縛亦非實在。消除繫縛即是解脫，既然繫縛本非實在，故沒有實在的解脫。佛法面向的是現象界中的眾生，俗諦適用於現象的範疇，故依俗諦說。俗諦的本質就是名言概念，所說的「解脫」亦只是名言，因此說「名解脫」。〕

37　關於純粹力動的觀念，可參考吳汝鈞著《純粹力動現象學》（臺北：臺灣商務印書館，2005）。其中，頁 34-36 有較扼要的描述。

第四章　結　語

　　以龍樹和提婆為代表的印度早期中觀學派，在義理上一向被認為主要採取遮詮的方式，透過否定外道或小乘的說法以突顯自己所持的觀念。這種取向在《中論》（*Madhyamakakārikā*）和《百論》中都明顯可見。這是由於語言概念本身是因應著世間事物而建立，因此只能適用於現象世間，而真理或實相則含攝世間，亦超越世間，故任何文字、概念都不能完全展示真理，任何的表述總與真理有點隔閡。以遮詮的方式論述，好處是可減少隔閡，而不會建立起另一層隔閡。

　　然而，世間有情總需要一些正面的、明確的導引，作為生活上、修行上的依據。《百論》在這方面亦採取了積極的做法。在〈捨罪福品〉中，論主先確定了釋迦佛的世尊地位，這意味佛並非只處於超越世間的境界，而是與世間緊密連繫著。此外，佛在世間應受到一切眾生的尊崇，因為唯有佛知諸法實相，明了無礙，又能說深淨法。佛法是照世法，這顯示佛法的意義在於光照世間，祛除黑暗，即是去除那些錯誤的見解。而且，佛法不是高不可及的，卻是世間有情所能共享的。在這種面向世間的精神下，論主把佛法總結為惡止、善行法，並且具體地指出適合上、中、下不同根器眾生的修行方法。在修行的整體取向方面，他指出「取福捨惡是行法」，這概括了其他宗教、學派的取向，他們以捨棄罪惡，修習善法以求取福

報，並認為這樣可達致最終的解脫目標。論主並沒有完全否定這種取向，但指出這種取向只能令有情繼續行於世間，即使所修的善法讓有情生於色界、無色界，還是有可能退墮，甚至下墜至畜牲、地獄，未能脫離輪迴世間，獲致真正的解脫。罪惡固然能令有情滯留於大苦的世間，這是各宗教所共知的，但論主更指出，福報亦是不離世間。倘若執著於福報，仍是不能超離於輪迴世間。因此，唯有捨罪捨福，有情才能達致最終的解脫。論主在第一品就正面地確立了佛法的世間性，並指出了具體的修行方向和方法，讓眾生有所依循。

　　有情對世間的執著可概括為自我以及對應於自我的一切事物，即是我所。自我被視為有情的主體，外道以神我作為有情的自我，並執著此自我為恆常而實在。論主應對這種執著，在〈破神品〉中從多方面辯破神我的恆常性和實在性。在我所方面，論主在〈破一品〉、〈破異品〉、〈破因中有果品〉、〈破因中無果品〉，從邏輯上辯破。具體來說，就是指出若以事物為實在作前提，則事物間的關係，包括同一、別異、因中有果、因中無果，都不能成立，這違反了世間有情對事物間的關係的認識，由此可見，實在的觀念不能合理地解釋世間事物的關係。在〈破情品〉、〈破塵品〉、〈破常品〉中，論主從認識的關係上著手，以情為能取，以塵和常為所取，當中，塵指地、水、火、風四大，常指虛空、時、方、涅槃。論主指出，若以這些事物皆為實在作前提，則不能達致認識。因此，這些事物都非實在。最後，在〈破空品〉中，外道仍然執著「破」為實在，即是以為「破」是把原本為實在的東西破滅，而在前面的各品中，外道認為是實在的東西都已被破。外道認為，既然有實在的所破，則應有實在的能破，而論主用以破的工具就是空，因此，

空就是能破，這能破應為實在的。論主則闡明破非實在，沒有實在的所破，能破亦非實在。因此，空亦非實在，即是說，空亦是空（śūnyatā-śūnyatā）。

有情執著於我和我所，因而繫縛於世間。既然我和我所均非實在，因此繫縛亦非實在。繫縛非實在，則離開繫縛，即是解脫，亦非實在。既然無真實的解脫，為甚麼佛經時常提到解脫呢？這是因為佛隨著世俗而說。佛說法面向的是世俗眾生，為的是渡化眾生，因此必須以眾生能了解的方式說法。除利利根的眾生外，一般人不能直接了知勝義諦，故需以世俗的方式來說。因此，雖然無實在的解脫，仍然說解脫，正如佛雖然知道無實在的城，仍然叫阿難入舍衛城乞食。僧肇在〈涅槃無名論〉中說：「夫止此而此，適彼而彼。」[1]簡單來說，意思是在此世間中就順應此世間的行事方式，到達了彼岸則依循彼岸的方式，這正是承襲了佛的隨俗方式。此外，既然無實在的解脫，故此無實在的涅槃，亦無得涅槃者。〈涅槃無名論〉中說：「無所得謂之得。」[2]亦是吸收了《百論》的思想。佛法以世俗眾生為教化的對象，因此才堪稱為「照世法」。龍樹在〈中論・觀四諦品〉中說：「若不依俗諦，不得第一義，不得第一義，則不得涅槃。」（大 30.33a）正是道出了世俗諦的意義。

---

[1] 參考拙著《肇論的哲學解讀》（臺北：文津出版社，2013），頁 200。
[2] 同上書，頁 228。

參考書目

古典文獻

1. 提婆著、婆藪開士釋、鳩摩羅什譯《百論》，大 30.168a-182a。
2. 僧肇著〈百論序〉，大 30.167c-168a。
3. 吉藏著《百論疏》，大 42.238a-309c。
4. 吉藏著《百論序疏》，大 42.232a-238a。
5. 龍樹著《中論》，大 30.1b-39b。

近、現代著作

1. 山口益著《中觀佛教論考》，東京：山喜房佛書林，1975。
2. 小野玄妙主編《佛書解說大辭典》，十三卷，東京：大東出版社，1932。
3. 中村元著《佛教語大辭典》，三冊，東京：東京書籍，1975。
4. 中村元等編著《新佛典解題事典》，東京：春秋社，1965。
5. 印順講、演培記《中觀論頌講記》，臺北：正聞出版社，1992。
6. 多屋賴俊等編《新版佛教學辭典》，京都：法藏館，1996。
7. 吳汝鈞編著《佛教思想大辭典》，臺北：臺灣商務印書館，1992。
8. 吳汝鈞著《龍樹中論的哲學解讀》，臺北：臺灣商務印書館，1997。
9. 吳汝鈞著《純粹力動現象學》，臺北：臺灣商務印書館，2005。
10. 吳汝鈞著、陳森田譯《中道佛性詮釋學：天台與中觀》，臺北：臺灣學生書局，2010。

11. 呂澂著《印度佛學思想概論》，臺北：天華出版公司，1993。
12. 李潤生著《百論析義》上、下冊，安省：加拿大安省佛教法相學會，2001。
13. 李潤生導讀《因明入正理論》上、中、下冊，香港：博益出版社，1994。
14. 服部正明、上山春平著《佛教の思想 4：認識與超越〈唯識〉》，東京：角川書店，昭和 54 年（1979）。
15. 梶山雄一著《梶山雄一著作集第 5 卷》II，東京：春秋社，2010。
16. 望月信亨主編《望月佛教大辭典》，十冊，臺北：地平線出版社，1977。
17. 強昱釋譯《百論》，高雄：佛光文化事業公司，1997。
18. 陳森田著《肇論的哲學解讀》，臺北：文津出版社，2013。
19. 楊惠南著《印度哲學史》，臺北：東大圖書公司，1995。
20. A.K. Warder, *Indian Buddhism*, Delhi: Motilal Banarsidass, 1997.
21. Erich Frauwallner, *History of Indian Philosophy*, translated by V.M. Bedekar, Vol.I, Delhi: Motilal Banarsidass Pulbishers Ltd., 1993.
22. Hajime Nakamura, *Indian Buddhism: A Survey with Bibliographical Notes*, Delhi: Motilal Banarsidass, 1996.
23. M. Hiriyanna, *Outlines of Indian Philosophy*, Delhi: Motilal Banarsidass, 1994.
24. Sarvepalli Radhakrishman and Charles A. Moore edit, *A Source Book in Indian Philosophy*, Princeton: Princeton University Press, 1989.
25. Surendranath Dasgupta, *A History of Indian Philosophy*, Vol.I, Delhi: Motilal Banarsidass, 1992.

索　引

二、英／梵文

國家圖書館出版品預行編目資料

佛教中觀學百論的哲學解讀

陳森田著. – 初版. – 臺北市：臺灣學生，2017.03
面；公分

ISBN 978-957-15-1724-7 (平裝)

1. 中觀部 2. 佛教哲學

222.12   106002607

佛教中觀學百論的哲學解讀

著　作　者：陳　　　森　　　田
審　訂　者：吳　　　汝　　　鈞
出　版　者：臺 灣 學 生 書 局 有 限 公 司
發　行　人：楊　　　雲　　　龍
發　行　所：臺 灣 學 生 書 局 有 限 公 司
　　　　　　臺北市和平東路一段七十五巷十一號
　　　　　　郵 政 劃 撥 帳 號：00024668
　　　　　　電　話：(02)23928185
　　　　　　傳　眞：(02)23928105
　　　　　　E-mail：student.book@msa.hinet.net
　　　　　　http://www.studentbook.com.tw
本 書 局 登
記 證 字 號：行政院新聞局局版北市業字第玖捌壹號
印　刷　所：長 欣 印 刷 企 業 社
　　　　　　新北市中和區中正路九八八巷十七號
　　　　　　電　話：(02)22268853

定價：新臺幣四〇〇元

二 〇 一 七 年 三 月 初 版

A)